# 培根的人生随笔

## 张笑恒◎著

台海出版社

图书在版编目(CIP)数据

培根的人生随笔 / 张笑恒 著. --北京:台海
出版社,2013.3

ISBN 978-7-5168-0116-1

Ⅰ.①培… Ⅱ.①张… Ⅲ.①培根,F.(1561~1626)
-人生哲学 Ⅳ.①B561.21

中国版本图书馆 CIP 数据核字(2013)第 052484号

**培根的人生随笔**

著　　者:张笑恒

责任编辑:孙铁楠

装帧设计:天下书装　　　　版式设计:通联图文

责任校对:李彩霞　　　　　　责任印制:蔡　旭

出版发行:台海出版社

地　址:北京市朝阳区劲松南路1号，邮政编码:100021

电　话:010-64041652(发行,邮购)

传　真:010-84045799(总编室)

网　址:www.taimeng.org.cn/thcbs/default.htm

E-mail:thcbs@126.com

经　销:全国各地新华书店

印　刷:北京柯蓝博泰印务有限公司

本书如有破损、缺页、装订错误,请与本社联系调换

开　本:640×960　　1/16

字　数:160千字　　　　　印　张:16

版　次:2013年5月第1版　印　次:2013年5月第1次印刷

书　号:ISBN 978-7-5168-0116-1

定　价:32.00元

# 前　言

弗朗西斯·培根(Francis Bacon, 1561–1626)，英国文艺复兴时期最杰出的哲学家和文学家，被马克思称为"英国唯物主义和整个现代实验科学的真正始祖"。他的唯物主义哲学对近代哲学的发展有很大影响，主要著作《新工具》，在近代哲学史上具有划时代的意义和广泛的影响，哲学家由此把他看成是从古代唯物论向近代唯物论转变的先驱。

培根不仅在文学、哲学方面成就显赫，在自然科学领域里同样建树颇丰，被誉为"法律之舌"、"科学之光"。他竭力倡导"读史使人明智，读诗使人聪慧，演算使人精密，哲理使人深刻，伦理学使人有修养，逻辑修辞使人善辩"。他推崇科学、发展科学的进步思想和崇尚知识的进步口号，一直推动着社会的进步。

《培根论人生》是英国随笔文学的开山之作，是培根多年反复锤炼的精工之作，以其简洁的语言、优美的文笔、透彻的说理、迭出的警句，在世界文学史上占据了非常重要的地位。英国大诗人雪莱曾在他著名的《诗辩》中称誉道："培根勋爵是一位诗人。他的语言有一种甜美而又庄严的节奏……他的文章的调子波澜壮阔，冲击你心灵的局限，带着你的心一齐倾泻，涌向它永远与之共鸣的宇宙万象。"此书被译成多种文字出版，至今畅销不衰。1985年被美国《生活》杂志评选为"人类有史以来的20种最佳书"之一；同年入选美国《优良读物指南》的推荐书本。

这部文集萃聚了培根一生著述的精华，内容涉及经济、宗教、爱情、政治、婚姻、友谊、艺术、教育和伦理等方面，其论题之众，几乎触及了人类生活的方方面面，可冠之以英国的《论语》。你可以看到一个热衷于政治、深谙官场运作的培根;可以看到一个富有生活情趣的培根;可以看到一个自强不息的培根。

譬如培根谈学问:"学问可以用来自我陶醉、施展才华和增长能力,最主要的是自我陶醉。""学问最主要的是自我陶醉。"简直是一针见血。他谈旅游:"旅游对年轻人来说是教育的一部分,对年长的人来说是阅历的一部分。"他谈猜疑:"猜疑在思想里就像蝙蝠在鸟群里一样,不过它们只在黄昏时飞出来。"他谈爱情:"爱情泛滥的时候也总是人最脆弱的时候。"他谈教育:"毫无疑问,一个人从小养成的习惯是最为完善的。"他谈说话:"不可恶语伤人,这不同于一般牢骚,尖刻的语言会植下犯毒之种。"

正如黑格尔所言:"培根拥有丰富的阅历、高度的想象、有力的机智、透彻的智慧","他的著作充满着最美妙、最聪明的议论","因此他的话常常被人拿来当作格言"。读他的论述,就像听一位睿智的老人侃侃而谈,因为里面包含着这位先哲的思想精髓。你可以把它当作生活交友的教科书,也可以把它看成混迹官场的厚黑学。

·房龙也说:弗兰西斯·培根的人生随笔给我们提供了一种尘世中的智慧,它让我们变得充满理性并世事洞明。即使所处时代不同,即使所处的社会结构不同,即使人生所经历的感触不同,但是大智慧往往是相同的,培根对于人生的论述,正是这样的大智慧。书里处处闪耀的尊重本性的光芒,层层流露睿智深邃的真知灼见,使作品仍穿越时空迸放理性的光芒。

本书正是摘取了《培根论人生》文集里的至理箴言,在培根的思想范畴上,加以引申,对做人、处世、言谈、交际等关系我们当代人生存、生活的问题,做了深入细致又浅显易懂的探讨。衷心希望此书能成为普通读者和人文经典之间的一座桥梁,使更多的人品尝到读经典的愉快,也使更多的人文大师成为普通读者的心灵朋友。在这个浮躁功利的社会中,本书也希望可以带给大家关于健康、完善、和谐的人生智慧,引领大家关怀人生,向着真善美的方向努力。

# 目 录

## 遇到高兴的事,不要忘乎所以

幸运所需要的美德是节制。

——《论逆境》

培根在《论作伪与掩饰》引用了古罗马最伟大的历史学家塔西佗的一句话:"里维亚兼有她丈夫的机敏和她儿子的深藏不露。机智来自奥古斯都·凯撒,而深沉正是提比略的优点。"

但更多时候,人们总是喜怒形于色,而缺乏必要的深沉。培根还说:"毕竟人们多数喜欢宣泄心事,而不是增加心理负担。"

《儒林外史》中主人公范进是个读书人,他过着穷困潦倒的生活,却一直不忘争取功名,年年科举应试,考了二十多次,直到五十四岁才中了举人。发榜之日,范进大喜过望,痰迷心窍,昏倒在地,被救醒后又喜极而疯,幸亏被人狠狠地打了几个大巴掌才转好。

无独有偶,不久前有一则官司:江苏一男子参加公务员面试考试得了高分,结果心情激动驾车撞上路边的大树,致使在树上睡觉的人受惊吓过度死亡。后来经过法院不断的调解,以这位男子赔偿给原告各项损失数十万元告结。

众所周知,如今考上公务员意味着将得到一份轻松稳定、拥有丰厚的俸禄以及福利的工作,类似中举后"春风得意马蹄疾,一日看尽长安花",这位公考生面试考试得了高分,也就是说离梦寐以求的职位又近了一步,心情激动可以理解,只是他高兴得太早,遭遇好似中举后疯了的范进!

以上都是乐极生悲的典型例子。人们遇到高兴的事,大多会心花怒放,手舞足蹈。快乐是一种良好的情绪状态,只要这种情绪释放得恰到好处,就能给别人带来良性感染。如果高兴,可以得意一下,但是不能忘形。要把握好度,否则就会忘乎所以,甚至还会伤害到别人,最终伤害自己。

把果盘放在水槽上,去冲洗水果,你就会发现一个有趣的现象:果盘中的水达到一定的程度,果盘就会自然倾斜,放掉一部分水后又自动恢复原位。"月满则亏,水满则溢",万事有度,谁都不是弹性无限的藤条,扯得太紧总有崩溃的那一刻,出现"物极必反"的现象。

人们在取得一定的成绩之后,往往会在掌声和鲜花中迷失自己,失去继续进取的动力和方向。很多时候,我们不是跌倒在本人的缺陷上,因为缺陷常给我们以提示,而优势则让人冲昏头脑,自得忘形。一招不慎,满盘皆输,大好情势下,由于一步没走好而败下阵来是常有的事。

《伊索寓言》里有这样一个故事:一只蚊子在狮子身上乱咬,狮子却拿它没办法。那只蚊子认为它很了不起,奏起凯歌,得意忘形地飞舞,一不小心撞到蜘蛛网上。临死前,它感叹道:"我曾经打败过庞大的狮子,没想到今天竟死在一只小小的蜘蛛手上。"它悔不当初,可是一切都晚了,蚊子最终成为了蜘蛛的盘中餐。

大哀易失颜,大乐易失察。人们在志得意满的当口,极易只看到眼前普天同庆的大好形势,踌躇满志的同时,却忘记要审视自己的周边是否暗藏危机,一意孤行,到最后城池尽失亦悔之晚矣。

另外,大喜过望时,人们还会把太过于真实的自我展现在别人面前,给别有用心的人以可乘之机;甚至在赞扬声中,一时冲动给别人许下不切实际的承诺,过后如果兑现不了就会被别人指责与抱怨,最终得不偿失。

所以,即使在喜出望外时,大家也要学会保持矜持,时时警惕自己的态度,处处注意自己的一言一行,避免大喜过后成大悲。古人云:不以物喜,不以己悲。不要总记取昔日的成绩,要把心态放平,处变不惊,对于得失不要太在乎。赞扬,虚荣,名誉,都是过眼云烟。惊喜之后,恢复平静才是应有的状态。

## 避免被爱情冲昏头脑

人们提防这种感情,因为爱情不但使人失去别的事物,还会让人失去尊严和人格。

至于其他方面的损失,古代诗人荷马早就告诉我们,喜爱海伦的人,放弃了朱诺和帕拉斯的赏赐。

无论是谁,只要过度重视爱情,就等于自动放弃了财富和智慧。这种情欲最容易在一个人春风得意和孤独困厄的时候入侵,这恰是人最脆弱的时候。

由此可见,"爱情"不过是"愚蠢"之子。但却有一些人,即使心存爱意,也能加以约束,使之不致妨碍更为重大的事业。否则,情绪一受爱情之扰,便会阻滞人向远大目标迈进。

——《论爱情》

都说恋爱中的人智商为零,一旦坠入爱河,就好像变成了一个傻瓜,心理会和平时不同,判断能力也有所下降。无论多么坚强独立的女人,都变得小鸟依人;无论多么爱乱发脾气的男人,在心仪的女孩面前也会百依百顺。恋爱中的人,往往会做出让人大跌

3

眼镜的事情。

李琳原本拥有一个幸福的小家庭，老公很爱她，但一次冲动的婚外恋却使她失去了这一切。去年冬天的一次同学会，李琳跟一在读初中时曾暗恋她的男同学相遇了。那次聚会后，这位男同学立即对她展开了火热的攻势，也许是现在的生活太过于平淡，慢慢地她竟然对他产生了爱情。男同学信誓旦旦、山盟海誓，并在同学圈内大声宣告：他愿放弃自己的家庭，给她一生的幸福！在男同学的甜言蜜语下，她动摇了，下定决心放弃现在的家庭来换取爱情。为了跟他真正走到一起，她回家跟老公不止一次地吵闹，坚决要求离婚，老公不明白，她不好说出原因，最后她以死相逼才得以离婚。

事已至此，大家都只好祝福他们。可后来那个男人跟她说：他很爱他的女儿，不想她成长在不完整的家庭，他现在不能离婚，让她等他八年，等女儿长大了他就彻底自由了，八年后一定娶她。朋友为他付出了所有，他却开出了一张空头支票！他伤了她的心，打破了她的好梦，于是她从情感的高峰一下陷入深深的低谷，经过几次三番的思想斗争和朋友的相劝，最终放弃了这段情感。到现在为止，李琳还走不出情感失败在她心里造成的阴影。

恋爱中的人往往被对方的花言巧语所迷惑，看不到事情的真相。爱情可能不是你想象的那么回事，不要过于迷恋它，对待它不要太认真、期望太大，狂热之中更需要冷静。

爱情容易让人变得愚蠢，失去理智。许多天真犯傻的女孩们认为，既然两个人能在一起，那就应该无所保留，全心为对方付出，不计较得失。她们会认为什么事情都替对方做好，不提要求，不发脾气，对男友百依百顺，才是个完美的女友。但是对他们太好，男人反而不重视你，结果最后去爱别的女人了。

女孩们还总认为在乎钱的女人男人不喜欢，所以不能把钱放在重要位置,有时还会为对方倾其所有,可是爱情是有保质期的,虽然金钱和爱情是两回事,但在一定情况下,金钱能测出爱情的忠实度。肯为你花钱的男人,不一定爱你;但不肯为你花钱的男人,甚至一门心思花你钱的男人,一定是不爱你的。

小美在交友网站结识了位自称目前在外国公司担任高管的男子。她对其"一见倾心",感觉已经找到了自己的真命天子,可是,令年轻的小美没有想到的是,相识不久后,男子就提出了一个很有诱惑力的投资项目,投资回报是惊人的六倍,鼓励她开一个投资账户,共同经营"两个人的未来"。小美被爱情冲昏了头脑,在"男友"的不断催促下,向亲友借了200万元,又以自己的房产作抵押向银行借了400余万。但当她将这笔巨额资金交给素未谋面的"男友"之后,这位头顶光环的"高富帅"却神秘地失踪了,在经过两个月杳无音讯的等待之后,小美才下定决心向公安机关报案。

恋爱是每个人都必经的一条路,不是每段感情都有结果,不是每次恋爱都可以走进婚姻的殿堂。爱情往往像烟花一样,只绽放在那最美的一刻,然后慢慢消失地无影无踪。爱情也需要保持清醒和理智,不要等到爱情远去,事情的本来面目被还原,才后悔曾被爱情冲昏了头脑。

# 人们为什么爱说谎

人们宁愿说谎而不追随真理的原因,不是寻找真理的路上充满了艰难困苦,而是谎言等人性中的那些恶习。

古希腊的一位哲学家曾研究过这个问题，他不能理解，为何一些谎言能得到那么多人的喜爱。因为谎言既不能像诗歌一样优美让人动心，也不像经商那样有利可图让人致富。

我也不懂得这是为什么，难道仅仅是因为人们爱好虚假就去追求谎言吗？或是因为真理是一种无隐无饰的光。在它的照耀下，上演的假面舞会，不如在半明半暗的光线下来得更魅惑，更具有梦想的美丽。

——《论真理》

大家都知道说谎是不对的，对满嘴谎言的人都嗤之以鼻。但是细细想来，我们每个人一生中都曾说过一些大大小小的谎言，就连天真烂漫的小儿有时都会伪装哭泣来换取家长的抚慰或奖励。那么人们为什么会爱说谎呢？

在社会交往中，人们为了给别人留下好的印象，使别人喜欢自己，通常会隐藏自己不完美的一面，美化自己的优点，从而让一切变得更加顺利。一般只要不是恶意的欺骗，对方也不会太过计较。时下屡屡出现的简历造假事件，就足以说明这个问题。

每到毕业季，人才市场的竞争都会异常激烈。大学毕业生为了使自己的简历更加完美，往往都会恳请自己的老师写封推荐信。如果这位学生的确是顶尖的人才，那便不必多说，照实写来就是了。倘若不那么优秀，老师诚恳地指出该学生不是出类拔萃的顶尖人才，通常接受推荐的一方就可能理解为该学生是个差劲的学生。如果这样做，他可能伤害这个学生，使其失去深造的机会或难以找到工作，甚至对其一生的命运都会产生不良后果。所以，老师们提笔写推荐信的时候，往往会夸大学生的成绩和能力。

人们发现在社会生活中，圆滑的人往往更受到欢迎。所以在人与人的交往中，就会选择说一些小小的谎言，从而使自己的人际关系更为融洽,更亲近一些。

当无法表露自己的真实意图时,我们就选择一种模糊不清的语言来表达真实。比如当一位女友穿着新买的时装,问我们是否漂亮,而我们觉得实在难看时,便开始用模糊的回答:"还好。"这样就不会伤害到对方的自尊心。

当面对他人的求助,而我们又无能为力或者不好直言拒绝的时候,往往会选择一些得体的谎言来应对。比如当别人向你借钱时,如果我们不想借给对方,又不好拒绝,就通常会撒一个小小的谎言,这样做既能照顾对方的颜面,又不让自己和对方在尴尬中产生误会。

当求人办事时,我们会选择适当地说些恭维话,投其所好,把话说到对方的心里去,好让他出手相助。

当职场人面对来自方方面面的压力和矛盾时,为摆脱其中的各种利害关系,聪明的人往往通过迂回的办法去表达自己的反对意见,尽量多去赞美别人,婉转地指出别人的不足,给领导和同事留足面子,淡化矛盾或转移焦点,从而减少敌意,保证自己立于不败之地。

当发现说出事实很容易伤害他人时,我们就喜欢说些"善意的谎言"。谎言虽然是虚假的、不真实的、骗人的话语,但有时却偏偏有助于事情的发展。

珊珊到店里去买自行车,因为知道自己身长腿短,选好车子付了钱之后,便请车店老板把车座调低一点儿。谁知车店的老板一番打量后,以极其真诚的表情说:"小姐,你的腿绝对是长的!"顿时,珊珊心里乐开了花,飘飘然地望着老板把自行车的座调高,然后,以风驰电掣般的速度,骑着自行车驶向温暖的家。后来,还介绍了几位亲人朋友到这家店去。

那位老板的赞美显然不符合事实,但是他巧妙的夸奖不仅让珊珊欣喜若狂,感激不尽,还增加了自己店里的收入,于人于己都有益处,他当然会乐意为之。

谎言通常"看上去很美",比如谎言可以掩盖自己的缺点,避免受到别人的责备,迎合领导的虚荣心,炫耀自己的成就,"善意的谎言"甚至可以"助人为乐";当然,恶意的谎言还可以蒙骗他人,使人达到不正当的目的。正是基于这些原因,生活中就出现了形形色色的谎言。

## 说谎是最大的罪恶

没有什么罪恶比被人发现虚伪欺诈更让人感觉羞耻。蒙田研究为什么说谎是一种罪恶,他说:"仔细考虑一下吧,要是说某人说谎就等于说他对上帝很大胆,面对世人却很怯懦!"

正因为说谎是直对着上帝而躲避着世人的,曾经有个预言说基督重返人间时,将会在地上找不到信使。所以,谎言可以说是请上帝来裁判人类全体的最后钟声。对于虚假和背信的罪恶,再不能比这个说法更高明了。

——《论真理》

《狼来了》这个寓言故事大家一定都耳熟能详,它教育我们:不要养成撒谎的习惯,总是说谎的人,时间久了就会失去人们对他的信任,给自己带来恶果。撒谎的人都自以为在智力上胜人一筹,事实上,谎言永远是最愚蠢的,说谎者最终愚弄的只会是他们自己，即便小的谎言也会招致严重的后果。

陈旭因为工作上的一些原因，对顶头上司很不满。有次，得到和大领导一起会见大客户的机会。席间空隙，看左右无人，他假装不经意地说起上司在背后对大领导颇为不满，说得顺溜，其中除了添油加醋外，顺便还无中生有了一些话。

过了段时间，在某次公司部门会议上，大小领导突然因为某件小事爆发了争执。两个人吵得面红耳赤，分别都拍了桌子，全都热血上涌，说话不计后果。小领导突然发难，一定要大领导对最近整他的事给出个交代。大领导被逼急了，直接把陈旭说小领导的话，包括编的谎当作证据原样端了上来。

在这种非常情势之下，陈旭被叫到现场当面对质。他窘到极点，为了当初那些谎言能成立，他继续编造了更多的谎言，想在众人面前证明他是个诚实的人。只是，在当事人面前直接撒谎，这是世界上最难也最痛苦的事。两个领导把怒火都转到他的头上，事后，陈旭不得不狼狈地离开了公司。

无论当面或背地里，说别人闲话，尖刻地诋毁别人都是非常恶劣的行为。谎言一旦被戳穿，就要接着用另外一百个谎言来圆。说谎者永远是虚弱的，因为他不得不随时提防谎言被揭露。

谎言会破坏人与人之间最基本的尊重和信任。现实社会中的很多人常因为害怕产生矛盾，从而在一些事实上选择隐瞒，结果因为小小的谎言而引发误会的情况比比皆是。这样非但没有达到避免不必要的麻烦的初衷，反倒会在彼此间形成隔阂，产生不信任感，甚至形成一道永远抹不去的伤痕，伤害彼此间的感情。人们相处时最重要的是真诚、忠诚、坦诚，用谎言去验证诺言，得到的只能是谎言。

谎言已经成为当下社会的一部分，有谎言的社会必然不够真实。随着科技的进步，经济的发展，各种骗术越来越"推陈出新"，互联网、手机、电话、等形形色色的欺骗手段让人防不胜防,极大地危害着诚信、公正的社会秩序,助长了不良的社会风气,导致社会公德的缺失。

谎言是罪恶的遮羞布,谎言盛行的地方,必然是普遍产生罪恶的地方。有谎言的地方,必定有罪恶;说谎的一方面是为了掩盖之前的罪恶,同时也是为了继续作恶。一个人丢掉诚实,总是对别人说谎,而且以自我利益为中心,不惜损害他人,这样的谎言如同指鹿为马一样,是赤裸裸的恶意欺骗,最终都将受到社会和他人最为严厉的惩罚。所以,人们切不可逾越谎言的尺度,飞蛾扑火,自取灭亡!

# 放下仇恨,冤冤相报何时了

无疑地,复了仇不过使一个人和他的仇人得平而已,但若置而不较,他就比他的仇人高出一等了,因为宽宥仇敌是君王的气概也。确信所罗门有言:"人有怨仇而不报是他的光荣。"过去的事情是已经过去了,并且是叫不回来了,明智的人留心现在和将来的事情已经够忙的了,所以那些劳于过去的事情的人简直是枉费心力而已。

——《论复仇》

培根在《论复仇》中写道:"一个人如果念念不忘复仇,只会使自己的创伤新鲜如初。"是的,复仇就像往自己的伤口上撒盐一

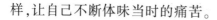

样,让自己不断体味当时的痛苦。

古希腊神话中有这样一则故事:

一个行人在路上走着,不经意地踢起路边一个小球,哪知这小球却越踢越大。路人顿时觉得非常蹊跷,就不断地踢,最后这个小球居然一直膨胀,直至顶天立地。路人畏惧不已,不知道这个小球是何妖魔。

这时,雅典娜女神出现了,告诉路人,这个小球就叫做"仇恨",如果你不去碰它,它会一直待在那里,安然无事;但如若它遇到不断的撞击,就会加剧膨胀,一发而不可收。

仇恨的"小魔球"不是在你成长的路边,而是躺在了心中。每当你看到一件让你觉得可恨的事情时,心中的小魔球就疯也似的膨胀,直至它膨胀到堵塞了你心灵天空之时,终会爆炸,伤人伤己。

仇恨非但不能抚平我们曾经受到的创伤,反而会让我们整日沉浸在痛苦的深渊里,无法自拔。如果憎恨的情绪持续在心里发酵,我们的生活会变得一团糟,甚至有时会做出极端的行为去报复,从而造成无法挽回的过错。

"冤冤相报何时了,得饶人处且饶人。"如果我们能够放下仇恨,忘记曾经的不幸,用宽容的态度来对待曾经伤害过我们的人,就可以防止伤害继续扩大,我们的生活状态也会变得轻松很多。宽恕不仅仅是对别人的一种包容,更可以使自己得到自我解脱。我们没必要为了惩罚对方,而让自己沦为一名心灵被俘虏的囚犯。

曾经有三位前美军士兵站在华盛顿的越战纪念碑前,其中一个问道:"你已经宽恕了那些抓你做俘虏的人吗?"第二个士兵回答:"我永远不会宽恕他们。"第三个士兵评论说:"这样,你仍然是一个囚徒!"

　　显然,第二个士兵还没有放弃心中的仇恨,而这些仇恨也因此还在他心中折磨着他。其实不宽恕别人就是不放过自己。拒绝宽恕一种罪恶,正是这种罪恶存在的根基,谁敢说如果再有一次这样的战争,第二个士兵不会用同样的方法对待敌人呢? 拒绝宽恕罪恶,只会导致这种罪恶的延续,从而造成更多的伤害。

　　生活中不如意之事十有八九,面对他人对自己的各种伤害、诋毁,我们一般会认为,每个人都应该为自己所犯的错误付出代价,否则岂不便宜了犯错的一方。然而念念不忘过去的伤害,是伤痛的延续,并不能把我们从伤害的阴影中解救出来,而痛苦却像魔鬼总是和我们如影随形。避免痛苦的最好的方法,就是宽恕曾经伤害我们的人。

　　热带海洋中有一种奇异的鱼,名叫紫斑鱼。紫斑鱼的奇异就在于它遍布全身针尖似的毒刺上:在它攻击其它鱼类时,它越是"愤怒",越是满怀"仇恨",它身上的毒刺就越坚硬,毒性就越大,对受攻击的鱼类伤害也就越深。但同时它越是"愤怒",越是满怀"仇恨",它的毒刺攻击得越毒越狠,对别的鱼类伤害越深,对自己的伤害也就越深,因为它心中的"怒火"在烧毁别人的同时,也在烧毁自己,使自己一命呜呼。

　　世间万物,被自己所伤的,自己败给自己的,又岂止是紫斑鱼呢? 那些总是满怀仇恨的人,那仇恨之火不也在伤害他们自己、毁灭他们自己么?

　　面对你的爱人、你的亲人、你的朋友,甚至你的邻居,你在路上遇见的一个陌生人,当他们伤害了你,当看到他们犯下错误时,你怒不可遏地面对他们,这只能让你满肚子怨气。但当你用平和的语气、真挚的言语,微笑对待他们的过失时,你就拥有了一颗豁达、开阔的心。当你用一颗真诚善良的心去对待他们的过错时,你内心的伤痕也将慢慢抚平,你会得到一种真情般的快乐。

原谅别人的过错是不易的,但有时你计较的越多,失去的也就越多。只有宽容对待,才能将自己受伤的心缝补,不去计较才能坦然面对,因为事已至此,再怎么仇视愤恨也无济于事,只有宽容才是让你重新释怀的路径。

宽恕了别人,等于善待了自己。宽容的爱情能够幸福美满,宽容的世界才能和谐美丽。一个人有了宽大的胸怀,有了可以容纳万物的心,才能够成就一番事业,才能够快乐而幸福的生活。

## 死和生一样自然,无需恐惧

"他把生命的终结算作自然的恩惠之一。"尤维纳利斯的这句话,说的较多。

死和生同样是自然的事,也许,一个婴儿的出生和一个老人的死亡所感受到的是一般痛苦。

——《论死亡》

生与死是孪生兄弟。人从出生开始就走向死亡,成年人害怕死亡就像孩子害怕黑暗一样。孩子听到的恐怖故事越多,那么与生俱来的恐惧就会越大,人们对于死的恐惧也是这样。每当想到自己快要死去的时候,都很害怕,倘若几十年之后或者在下一秒钟,这个世界上再也找不到自己的呼吸声,我们的一切就这样随着时间消失,那是多么的令人感到畏惧。

古往今来,面对死亡,有多少帝王将相,试图破解生死迷局,求得长生之妙方。然而生死是自然中最基本的法则,新旧交替,万物如此。在自然的力量面前,谁都没有能力决定自己的存亡,每一个人都要学会正确面对死亡。

死亡就像是落叶一样自然。人如果不死,地球上的人类恐怕不止百亿千亿,恐怕每个人真的没有立锥之地;人如果不死,就无法优化,就会类人猿万成堆,山顶洞人成群、杂居、穴居、群居,上演的也只能是动物世界;人如果不死,种群将何其庞大,对自然无节制地掘取,也只能是中世纪的恐龙时代。让别人该生的生,该死的死,而自己独享万岁之高寿,那又有什么意义,在未来世界里不作为活的标本展览,也会如现在的猿猴,关进漂漂亮亮的动物园。死有死的价值,生有生的意义。长江后浪推前浪,一浪更比一浪强,才是亘古不变的规律。只是生死如棋,人陷入局中而不自知。

庄子说:"古之真人,不知悦生,不知恶死。"死亡本身并不可怕,可怕的往往是死亡所带来的后遗症,亲人朋友的伤心和悲痛、坟头的凄凉与悲惨,以及失去某人的那种可怕空虚,都会使人们恐惧死亡,忌讳有关死亡的字眼,然而过分的悲伤会让人模糊了对死亡的正确认识。古人有言,生又何欢,死又何惧。虽然这么说有点不近人情,但有时候人是需要这种理性的。

有这样一个小故事:老子死了,秦失去吊唁,干号三声就走了。弟子问他,你是老子的朋友,这样吊唁合适吗?秦失说,合适。起初我以为他是得道的圣人,现在知道不是的。刚才我去吊唁的时候,看见老人在哭,好像是哭自己的孩子;少年在哭,好像是哭自己的母亲。他们之所以如此,必定有不想说也要说、不想哭也止不住的原因。这是违背天然的,过分的感情忘记了禀受的天性。安然地应时而顺理,悲哀欢乐就不能进入心中。

既然死亡是一种必然,我们就应该坦然视之,任何的反抗、挣扎、哀伤都无济于事。重要的是要更加努力的工作、学习,报答自己的父母,给予伴侣最好的关爱,给自己的孩子最好的照顾,给予他人你能给与的关爱。比如说给他人微笑,帮助他人。父母老了,老无所依,这个时候我们这些当儿女的就要照顾好爸妈,冬天冷了给爸妈加衣服,买好吃的给父母。所以,为了给自己的亲人更好的生活,我们就要努力奋斗,让自己过上好生活,让父母过上好生活。

死亡并不可怕,它只是漫漫人生旅途的终点,我们不需要害怕它,要害怕的是你的生命浑浑噩噩毫无意义。换一个角度看人生,以死悟生,以死惜生,能帮我们克服对死亡的恐惧,得到一剂生命的良药。未知生,焉知死。懂得什么是生活,才是我们真正要去思考和费心的,懂得如何去过好日子,才是我们努力的目标,懂得寻找人生的意义和快乐,才是我们的终极追求。

看见自己内心中生与死的较量,看见我们可以活下去的那个希望,其实我们是可以在有生之年真正做到乐生,做到顺应,做到当下的快乐,活好每分每秒。真正到生死大限来临的时候,有一份微笑的坦然,可以面对死亡说:我此生无憾。

## 逆境是更深的恩惠

《圣经·旧约》把顺境看作神的赐福,而《新约》则把逆境看作神的恩眷。因为,在逆境中,上帝才会给人以更深的恩惠和更直接的启示。

——《论逆境》

贝弗里奇说："人们最好的工作往往是在处于逆境情况下做出的。思想上的压力，甚至肉体上的痛苦都可能成为精神上的兴奋剂。"人们可以把逆境当成动力，激励自己顽强地奋起，去争取幸福。

世界级的小提琴大师尼科罗·帕格尼尼，幼年时就充分显露出音乐才能，不论什么曲子，他立刻能轻松地演奏出来。虽然帕格尼尼是个音乐奇才，不过却从小就疾病缠身，一生中几度死里逃生。

自4岁的一场麻疹开始，帕格尼尼几乎是在病痛中成长；7岁那年，他差点死于猩红热；13岁时则罹患肺炎，必须大量放血治疗；40岁时，因为牙床突然发脓，几乎拔掉所有的牙齿。接着，牙床才刚康复，他的眼睛又感染可怕的传染疾病。50岁之后，关节炎、肠道炎、喉癌等疾病不断向他袭来，后来他的声带也坏了，只能靠儿子按他的口形作翻译来与人沟通，这些可怕的灾难恶狠狠地吞噬着他的生命。

面对这些病痛，帕格尼尼没有屈服。他从3岁开始便经常躲在房里练琴，而且一练就是12个小时。12岁时，他举办了首场个人音乐会，一举成名，轰动了音乐界。日后，他的琴声遍及欧洲各个角落，作品和演奏技巧几乎征服了欧洲所有的艺术家，歌德和李斯特都曾对他的琴音大加赞叹："在他的琴弦上，不知道充满了多少灵魂。"

生活，有时绚丽得让人美不胜收，有时却又残酷得让人不寒而栗。在人生漫长的旅途中，有顺境，也有逆境。人们要想获得事业的成功、生活的幸福，不可避免地要经历这样一个过程。

相对而言，处于顺境中是幸运的，陷于逆境中是不幸的，是一种厄运，但是许多奇迹却都是在厄运中被创造出来。用平凡的话来说,幸运所生的德性是节制,厄运所生的德性是坚忍。在理论上来讲,后者是一种更伟大的德性。

逆境能磨砺人的意志,激发人们克服困难,顽强进取。温室里的花朵经不起风雨的袭击,饱受风浪考验的海鸥却能够搏击海空。处在顺境中的人也许会虚度一生,处在逆境中的人却能够顽强奋进,取得辉煌的成就,获得更大的幸福。

曹雪芹在创作古典文学名著《红楼梦》时,恰好经历了自己"赫赫扬扬"达百年之久的家族由盛及衰的过程,由"锦衣纨袴",降为落魄的"寒士",过着"蓬牖茅椽,绳床瓦灶"和"举家食粥酒常赊"的贫困生活。这让曹雪芹深感世态炎凉,对封建社会有了更清醒、更深刻的认识,决定要把这些深刻而痛苦的回忆写进自己的书里。

然而在封建社会里,读书人的唯一"正路"是读经书、考科举,写小说被认为是不务正业的行为。再加上当时又是清朝文字狱盛行的时期,在写作中稍有不慎,就会触怒统治阶级,轻则充军流放,重则满门抄斩,甚至株连九族。上层统治者和文人学士,又习惯于从小说中捕风捉影,猜度其中"影射"何人何事。

在漫长的创作过程中,某些章节不断流出,其内容遭到了族人的不满,也引起封建官僚和封建卫道者的猛烈攻击。除了二三好友支持他外,世人都认为他是"傻子"、"疯子"。统治者甚至用拆毁他的房屋,令他几度搬迁来阻止他的写作活动。面临这样的逆境,曹雪芹没有消沉退却,而是把逆境当成动力,"披阅二载,增删五次",把全部心血都倾注在写作上。

孟子云:"生于忧患,死于安乐。""忧患"就是艰难困苦,不堪忍受;"安乐"就是安逸舒适,快乐惬意。"生于忧患",就是困苦磨炼了人的意志,催人奋发向上,使人生命力顽强,朝气蓬勃。"死于安乐",就是说安逸舒适的生活,会消磨人的志向,使人贪图享乐,惧怕艰苦,不思进取,从而使人失去了生存能力与旺盛的生命活力。

人生之路并不是坦途一条,获得幸福之路也不是通畅无碍的。在逆境中,矛盾更集中,成败的抉择更为迫在眉睫,生死的较量,善恶的较量,伟大与渺小的较量也更为迫切。逆境犹如悲剧的高潮,它最能考量出一个人的意志和品质,也最能激发出一个人的潜能。我们应该把困境看成是一种恩赐,一种促使成功的机遇,这样我们才能积极面对它、战胜它,从而走出困境,走向成功。

## 嫉妒是恶魔

在人类的各种情感中, 爱情与嫉妒无疑是最蛊惑人心智的。这两种感情都能激发出人强烈的欲望,使人产生虚幻的意象。

——《论嫉妒》

何谓嫉妒呢? 心理学家认为,嫉妒是由于自己的才能、名誉、地位、境遇被他人超越,或彼此距离缩短时,所产生的一种由羞愧、愤怒、怨恨等组成的情绪体验,是心胸狭窄的共同心理。黑格尔说:"嫉妒乃平庸的情调对于卓越才能的反感。"

两只老鹰,一只飞得很快,一只飞得很慢。飞得慢的那只老鹰,非常嫉妒那只飞得快的。

一次, 飞得慢的老鹰对一个猎人说:"前面有只飞得很快的鹰,你快去用箭射死它。"

猎人说:"可以的,只是我的箭上缺少一根羽毛,能不能拔下你身上的一根?"

飞得慢的老鹰说:"没问题!"它就拔下一根丢给猎人,猎人没能射中那鹰。

猎人说:"再拔一根来如何?"

飞慢的老鹰说:"好!"又拔一根,然而又没射中。

就这样,一箭一箭的射去,鹰的毛也一根一根的拔下,最后它自己身上的羽毛都被拔完了,不能再飞了,结果那位猎人把它捉去。

嫉妒之心,会扭曲人的心灵,改变人的心态。嫉妒严重时,人就会费尽心思地算计别人,千方百计地挤对别人,用尽心机地迫害别人。嫉妒之心会让人不择手段,卑鄙无耻,心灵会变得肮脏不堪,看到别人比自己好,内心就不平衡,看到别人要功成名就了,内心就像有千万条罪恶的虫子在撕咬般的难受,嫉妒之心慢慢就会变成罪恶之心。因为嫉妒,人就会失去人本该有的善良本质,变得像魔鬼一般可怕,把别人搞得声名狼藉,一败涂地,甚至把别人置于死地,如此就会扬扬得意。

李可在大学毕业后,顺利地考上了公务员,不久与在机关单位工作的同事结了婚。两个都是端铁饭碗的小夫妻,让人羡慕不已。

可是,一天逛街的时候,当李可看见大学同学王乐乐时,她开始觉得不快乐了。在学校的时候,李可跟王乐乐关系不错,两人条件差不多,成绩也不相上下,但毕业后就渐渐地失去了联系。

这次,她看到的王乐乐今非昔比,王乐乐开着自己的宝马车,戴着一副墨镜,样子很优雅。本来自我感觉良好的李可,心里突然感觉酸酸的。

接下来，又一次无意中，她在购物中心碰到了王乐乐，当时，王乐乐正在试穿一件裘皮大衣。那件衣服典雅大方，无论是工艺、材质，还是价格，都是李可望而不可及的。"给我包起来吧，试过的衣服，我都要了！"李可进去跟她打招呼的时候，正碰上王乐乐这样对店员说。李可被深深地打击到了。

随后，王乐乐邀请她去家中做客，李可拒绝了，因为她总觉得自己在王乐乐面前，有一种灰溜溜的感觉。回家后，她越想越不是滋味。本来大家都在同一起跑线上的，现在却有着天壤之别，沮丧、烦恼、失落突然间占据了她的心。

接下来的日子里，李可的眼前总有王乐乐的影子。她也不知道自己为什么突然对王乐乐的隐私特别感兴趣。终于，她发现了一条令自己很得意的线索，王乐乐以前被一个已婚的商人包养，由于商人的妻子大打出手，便结束了包养关系。现在做生意的这些资本估计是那个时候的补偿费吧。

从此以后，只要见到大学的同学，李可都会很八卦地把自己对王乐乐的分析讲给同学们听，甚至恶语中伤："她有什么可神气的，不就是把自己卖了，挣了点儿钱吗？"

一时间，关于王乐乐的流言蜚语在同学们嘴里传开了。每当李可听到这些流言的时候，感觉心里得到了些许的平衡。

一些人之所以嫉妒别人，一个重要的原因是自己不求上进，又怕别人超过自己，似乎别人成功了就意味着自己的失败，最好大家都成矮子才显出自己高大。这是一种十分有害的腐蚀剂，这些人的骨子里充满了"怠"与"忌"，无论对己、对他人、对社会的发展都是十分有害的，正如荀子所说："士有妒友，则贤交不亲；君有妒臣，则贤人不至。"

莎士比亚说过："您要留心嫉妒啊，那是一个绿眼的妖魔！"嫉妒是摧毁人性和健康的毒药，是腐蚀剂。嫉妒是可恶的，嫉妒的人

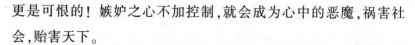

更是可恨的！嫉妒之心不加控制,就会成为心中的恶魔,祸害社会,贻害天下。

　　我们必须时刻控制自己心中的妒意抬头,要注意克服嫉妒之心,使自己不至成为妒性操纵下的害人者和被害者。当嫉妒心理萌发时,我们要正确认识自己,客观、冷静地分析自己的不足和别人的长处,找出差距和问题,从而积极主动地调整自己的意识和行为。嫉妒是损人不利己或者损人又损己的恶魔,它在你心里的存在就是你人生失败的威胁。

## 读万卷书不如行万里路

旅行对年轻人来说是教育,对年长者来说是经验。

——《论旅行》

　　"阵阵晚风吹动着松涛,吹响这风铃声如天籁,站在这城市的寂静处,让一切喧嚣走远,只有青山藏在白云间,蝴蝶自由穿行在清涧,看那晚霞盛开在天边。"这是许巍的一首《旅行》,极其抒情地诠释了现代都市人对远方美景的向往。

　　现代都市生活,节奏快,压力大,越来越多的都市人通过旅游来放松自己。每当周末或假日,纷纷走出家门,释放自己被禁锢已久心灵,投入大自然的怀抱。的确,相同的人,相同的事,相同的路,相同的天空,待久了会心生麻木,旅行却能给人带来感观上的新鲜、心灵上的释放。

旅行会让你更明白自己，也更明白这个世界。若工作压力太大、找不到工作与生活的意义，暂时放下一切去旅行是一个很好的调整心情的办法。即使你在旅行途中只是看看山、听听水、欣赏下日出日落高原雪山，也足以用大自然本身的力量让心灵得到休憩与释放，而这样一个过程对于内心平衡来说至关重要。

当下极为流行的"间隔年"，是指青年在升学或者毕业之后工作之前，做一次长期的旅行，让学生在步入社会之前，体验与自己生活的社会环境不同的生活方式。

两年前，方元刚大学毕业不到半年，却辞去了某大型报社记者的工作，在国内一边打零工一边旅行。这样的生活持续了10个月。

"在辞职之时，我并不清楚这段生活到底要持续多久、我期望从中得到什么、旅行结束之后又要干嘛，"方元说，"但旅行彻底调整了我的心态与情绪，在旅行接近尾声时，我曾和驴友结伴去甘南朗木寺沿河流徒步。那天，正走在弯弯绕绕的上坡路，脑袋里突然闪出了一个念头：还是去做记者吧，既然你在大学里选择了学新闻、做新闻，那么还是尝试下在社会里做新闻好了。再说当记者也不错，不用坐班，比较自由。"

随后工作的这两年里，遇到过不少困难与麻烦，这样的时刻也曾想过放弃，再次开始在路上的生活，但却总难以达到放弃的那根线："唔，这一切没有那么严重，你可以坚持的。"

古人说："人不登高山，不知天之高也；不临深溪，不知地之厚也。""读万卷书"固然需要，但"行万里路"更不可少。自古以来，人们都非常推崇"行万里路"，许多名人志士都是在饱览名山大川、眼界开阔之后取得了非凡的成就。

苏轼在《石钟山记》一文中，记叙了他深入实地考察，揭开了石钟山得名之谜的故事。

　　鄱阳湖口有座石钟山，下临深潭。关于石钟山得名的由来，众说不一，但都不能令人信服。为了弄清这个问题，一天晚间，苏轼和儿子苏迈乘坐小船来到石钟山的绝壁下面，只听水上不停地发出噌吰的声音。苏轼仔细观察，原来山下都是石头的洞穴和裂缝，微波流入，冲荡撞击，便形成这种声音，又发现有块大石头挡在水流中心，它的中间是空的，有很多窟窿，风浪吞吐，发出"窾坎镗鞳"的声音，与刚才噌吰的声音互相应和，如同歌钟演奏一样。至此，苏轼探求到了石钟山得名的真正原因。苏轼之举，被后世传为佳话。

　　正如那句著名的广告语"人生就像一场旅行，不必在乎目的地，在乎的是沿途的风景和看风景的心情"。川端在伊豆邂逅的美丽，三毛在撒哈拉找到的幸福，苏童在江南水乡触到的灵感，安妮在墨脱受到的震撼，苏东坡在石钟山的顿悟，旅行收获到的岂止是简单风景。

　　一块石头，一缕空气，一片白云，一寸土地，其实，每个地方，都有它独特的魅力。而旅行的意义也并非仅仅为了某处风景，为旅行而旅行，旅行可以让我们增长知识，同时得到心情的释放与心灵的憩息。当放下烦闷的工作与琐碎的家事，当踏上第一只迈向旅途的脚步，轻松与愉悦就会缠绕着双腿，赐予一股力量，继续向前。

# 信任你的人才会给你劝告

人与人之间最大的信任，无过于提出劝告的信任。

——《论信任》

耕柱子是墨子的得意门生，不过，他老是挨墨子的责骂。有一次，墨子又责备了耕柱子，耕柱子觉得自己非常委屈，因为在墨子的许多门生之中，耕柱子被公认是最优秀的，但他却偏偏常遭到墨子的批评，这让他觉得很没有面子。

一天，耕柱子愤愤不平地问墨子："老师，难道在这么多门生中，我竟是如此差劲，以至于要时常遭您老人家责骂吗？"

墨子听后反问道："假设我现在要上太行山，依你之见，我应该要用良马来拉车，还是用老牛来拖车？"

耕柱子回答说："再笨的人也知道要用良马来拉车。"

墨子又问："那么，为什么不用老牛呢？"

耕柱子回答说："理由非常简单，因为良马足以担负重任，值得驱遣。"

墨子说："你答得一点也没有错。我之所以时常责骂你，也是因为你能够担负重任，值得我一再教导与匡正。"

听了墨子这番话，耕柱子立刻明白了老师的良苦用心，从此再也不以遭受批评为耻，而是更加发奋努力，终于成为墨子的继承人。

能够得到别人的劝告是一件幸事。因为给你劝告的人，往往是最信任你的人。要知道，批评一个人是需要很大勇气、冒很大风险的,谁都知道"多栽花,少栽刺"的道理。一般而言,人们都喜欢听好话,即便明知对方是在阿谀奉承自己,心里也是美滋滋的,对那些甜言蜜语欣然笑纳。而对于规劝自己的肺腑之言,则常常不爱听,不想听,不乐意采纳,对规劝自己的好心人抱着反感、疏远,甚至仇视的态度。还需指出的是,智者只对值得批评的人提出批评意见,而对不值得批评的人根本不会去说他,懒得冒被人仇视的风险。

在生活和工作中,我们也常常会碰到一些给我们找点刺、挑点小毛病的人,虽然心里如鲠在喉,但在我们的成长过程中,却不能缺少这类人,他们可以让我们时时警惕,少犯错误,一个人如果缺少了提醒,缺少了约束,那么他离身败名裂的日子也就不远了。古今多少腐败案例,探其根源,皆是因缺少了权力的监督,个人可以随心所欲,为所欲为,只手遮天,以至于走上了不归路。

有位将军,领兵作战二十余年从未有过败绩,他熟读《孙子兵法》和《六韬》,并且对历代阵法也颇有研究,打起仗来更是英勇无敌,的确是一个不可多得的勇将,他的赫赫战功令敌军一听到他的名字便被吓得闻风丧胆。所以,他很受皇帝的器重,掌握着全国的兵权,成为了"一人之下,万人之上"的重要人物。

这位将军手下有个谋士,此人足智多谋,从将军带兵打仗时,便跟随他左右,为他出谋划策。将军和这位谋士亲如兄弟,不分彼此。

有一天,将军接到圣旨,说邻国敌军带兵来犯边境,命令将军立刻带兵迎敌。

将军接旨后不敢怠慢,立即点齐兵马准备出发,谋士自然跟随前往。

两军对垒,将军连胜数阵,把来犯的敌军打得落花流水,抱头鼠窜。皇帝闻知这个消息后,特意派人送来千两黄金以示嘉奖。

将军高兴得嘴都合不拢了,拉着谋士说今晚要一醉方休！但出乎将军意料的是,谋士并没有显现出高兴的神情,反而是一脸的愁容。

谋士沉思了片刻,对将军说:"你不觉得这场仗打得很蹊跷吗?之前我们和敌军交战时,有过这样轻松取胜的记录吗?从来没有过。敌军既然来犯,势必来势汹汹。可是,我感觉好像他们全都无心恋战似的,这很不正常。我认为,今夜他们一定会来偷营劫寨,我们还是小心些好呀。"

将军心里甚是不快,但是碍于谋士一直为自己出谋划策,没有反对。晚上让人轮流值班,不可懈怠。一个漫长的不眠之夜就这样在平安中度过了,什么事都没有发生,将军的脸色由红变白,又由白变灰,最后铁青着脸看着谋士,一句话都没有说。

当夜,将军又提议饮酒,谋士依然把他拦住,诚心诚意地对将军说:"古语云:'兵不厌诈',我们还是小心些好,不如我们轮班站岗,这样将士们可以保证充足的睡眠,还能防患于未然。"

这回将军没好气地说:"你真是过于多虑了,你要是想守夜,你自己去守吧。"说完,将军就命令备上酒席,全体将士晚上来个一醉方休！

谋士还想再劝,将军挥了挥手,让他退下去了。谋士摇摇头,带着为数不多的几个士兵去看守营寨。

半夜时分,敌军果然来了,以迅雷不及掩耳之势夺取了将军的大营,大部分将士还在沉醉中便丧失了性命,谋士终因寡不敌众而战死。

将军抚着谋士的尸体悔恨交加,最后拔剑自刎了。

奉承话虽然听来顺耳,却能害人,有些忠告听来虽然是让人心生不快,但那却是真的在助你。所以,作为人,一定要克服自己的虚荣心,不要只听那些悦耳的"歌声",也要适时的听听那些逆耳的忠言吧。

　　人与人之间如果不彼此信任，只会顺着对方说些场面上的话，说这些是不需要任何成本的，连脑子都不需要动。因为不管沾不沾边，差不多的好话永远让人受用，让人开心。可听多了听久了会让人产生错觉，以为自己真的那么好，却不知这些话对自己不仅全然无用，有时他们还会把你的"缺点"说成"优点"，"问题"说成"成绩"，把你朝不好的方向引导。

　　真正的朋友和亲人，会提醒你即将遇到的危险和麻烦，或者在你高歌猛进时提醒你前方的弯路和险路，他们还会真心地为你出主意想办法。有这样行为的人，才是你应该珍惜的亲人和朋友。

## 拖延会赶走好运

　　幸运就像市场，你在市场上多待一会，价格往往就会下降。有时候，幸运又像西比尔（古希腊、罗马的女预言家），她开始是要卖一整套物品，然后又毁掉其中的一个，却又维持原来的价格。

——《论拖延》

　　拖延的人面对机会总是犹豫不决，让机会白白地错过。他们天天在考虑、在分析、在迟疑、在判断，迟迟下不了决定。好不容易做了决定之后，又时常更改，不知道自己要的是什么。终于决定实施了，他们第一件事就是拖拉、不行动，告诉自己"明天再说"、"以后再说"、"下次再做"，即使采取了行动也是"两天打鱼，三天晒网"。这样的人,会永远一事无成,终生与失败为伍。

有一位画家,很早就对朋友们说,他打算画一幅最为完美的圣母玛丽亚的画像。可是很长时间过去了,他仍然没有开始动手。他每天都在琢磨画像的姿势和配色要怎么描摹,想到了很多,却总觉得不够完美,他要寻找能够表现圣母形象的更好姿态和色彩。就这样一天天过去了,他的画还是没有什么动静。当朋友问他画的进度时,他说,最完美的圣母画像怎么可能这么容易就画好了呢?一年过去了,他的画还是没有画好。朋友又问,他的回答还是那句话。

若干年过去了,画家还没有动笔,他的朋友已经不再追问了。这些年里,圣母姿态和画面色彩总是时时萦绕在他的头脑中,为了这幅画,他简直没有时间做其他任何事情。直至他去世,这幅他构思了一辈子的"名画"也还只是构思而已。

这位画家之所以失败,只因两个字——拖延。

拖延简直就是对我们宝贵生命的一种无端浪费,但是这样的行为却在我们的工作和生活中不断发生。如果把你一天的时间记录下来,你会发现,拖延不知不觉地消耗了你大部分的时间。不少人都有这样的经历:为了按时起床而定闹钟,可当闹钟响的时候,就会对自己说"再睡10分钟吧",等到你睡醒的时候,可能已经过了上班时间了。

对于有志者而言,拖延是人生的大忌。"机不可失,时不再来",这是任何人都明白的道理,机会往往稍纵即逝,有如昙花一现,如果当时不善加利用,错过好运之后就会后悔莫及。成功学创始人拿破仑·希尔著作,其中有一句话记得很清楚:"生活如同一盘棋,你的对手是时间,假如你行动前犹豫不决,或拖延的行动,你将因时间过长而痛失这盘棋,你的对手是不允许你犹豫不决的!"

2004年4月5日《商业周刊》评出的50家标准普尔表现最佳公司中,埃克森美孚排名第23位,并在《财富》评出的全球500强中排名第2。2003年,公司利润为215亿美元,比2002年增长91%,股东回报达到115亿美元。

在这家公司领导的办公室里,几乎都悬挂着一个显著的数字电子白板,白板上一直显示着一段话:"决不拖延!如果我拖延下去,我将会怎么样?如果将工作拖到以后再去做,那么会发生什么?""决不拖延"是这家公司员工行为的重要准则之一。公司负责人解释说:决不拖延,我们就可以轻松愉快地生活和娱乐。避免拖延的唯一方法就是行动。而随时开始行动,首先必须认识到自己工作的重要性。另外必须记住的是,没有什么人会为我们承担拖延的损失,拖延的后果只有我们自己承担。

正是因为倡导这样的信条,每一个员工都不拖延哪怕半秒钟时间的奇迹。埃克森美孚石油公司得到了长足的进步与发展。

每个人都有很多绚丽的梦想,都会憧憬未来是如何美满和幸福,但若是一味地只是幻想,而不实施,那么你的愿望将很难实现,因为你无法将成功建立在不确定或不可能发生的事情上。

现在有很多年轻的朋友,非常想改变目前的生活状况,想通过跳槽或创业,来实现自己的梦想。但是想归想,却始终不敢迈出第一步,每天依然在原地转圈子,去重复自己不喜欢的工作。就这样日复一日,等到年龄大了,更不敢轻易地放下既有的生活了。

没有别的什么习惯,比拖延更为有害,更没有别的什么习惯,比拖延更能使人懈怠、减弱人们做事的能力。"明日复明日,明日何其多。我生待明日,万事成蹉跎。"拖延,就在这不经意间偷走了我们的日子。任何憧憬、理想和计划都会在拖延中落空,任何机会都会在拖延中与你擦肩而过。

世上没有任何事情比下决心、立即行动更为重要、更有效果了。因为人的一生,可以有所作为的时机只有一次,那就是现在。"立即行动",是一种积极的人生观念,是自我激励的警句,是自我发动的信号,可以影响你的生活,乃至决定你的成败。

# 不要为虚荣所奴役

　　虚伪的人为智者所轻蔑,愚者所叹服,阿谀者所崇拜,而为自己的虚荣所奴役。

　　　　　　　　　　　　　　　　　　——《论虚荣》

　　文学作品中,有许多对"虚荣"者非常经典的描述。例如莫泊桑《项链》中那个爱慕虚荣的公务员妻子,为了一串项链付出了十年的苦役;司汤达《红与黑》中的穷小子于连,为了追求到上流社会的小姐,不惜抛弃掉自己真正的感情;著名的包法利夫人贪慕虚荣,背着忠厚的丈夫与他人偷情,被小人利用,终落个悲惨的下场。

　　心理学上认为,虚荣心是一种被扭曲了的自尊心,是自尊心的过分表现,是一种追求虚表的性格缺陷,是人们为了取得荣誉和引起普遍注意而表现出来的一种不正常的社会情感。

　　虚荣心强的人一个最典型的特征,就是"视面子如命"。

　　如今社会,物欲横流,奢侈成风,有钱的摆阔气,没有钱的也不能输面子,大家互相攀比,谁也不让谁。这种攀比更加激化了一个人的虚荣心,人人都想自己表现的最阔气、最排场,让所有人都羡慕,没有钱就借,甚至冒着坐牢杀头的危险去贪,去偷,去抢,其结果都不会有好下场的。

有一对恋人结婚时非要摆一摆阔气,发誓要把本单位同事们的婚礼都比下去。可是他们二人都是工薪阶层,没有多少存款,双方的父母身体都不太好,他们那点退休工资是指望不上的。怎么办?借吧。

于是,他们借钱置办了高档家具,将新房装饰得像宫殿一样华丽,但是他们还不满足,他们还想把婚礼搞的排场一些、隆重一些。可是能借的钱已经都借了,新郎决定为了自己的婚礼铤而走险。他在结婚前几天偷出工厂的一些器材,私下里换成了一沓人民币。

婚礼那天,新郎西装革履,新娘婚纱拖地。用金色的硬币拼成的喜字让来宾惊诧不已,租用的轿车排着长长的队,真是气派极了。可是到了晚上,贺喜的人群还没散,新郎新娘还没等入洞房,呼啸的警车就将新郎带走了,接着,没收了他用赃款买的家用电器。

事发之后,债主们也纷纷上门讨债,新娘子只好变卖了新买的家具用来还债。面对空空的四壁,新娘坚决要离婚,一个刚刚组建的家庭就这样被虚荣和面子给拆散了。

谁都想有富裕的生活,在亲人朋友面前可以不失面子,但是这需要自己付出辛勤的努力才能取得。如果你的工资不高,就不要贪慕虚荣四处借钱去买名牌,非名牌的东西也可以穿得很有品味;若是你没有钱买高档小车,就不要欠债贷款换潇洒,买个便宜实用的开着照样舒服。打肿脸充胖子,不仅被别人耻笑,还要自吞苦果。

虚荣心使得一个人对溢美之辞非常受用,当一个人听到别人的赞美时,心中总是非常高兴,轻易的就做出本不愿意做的决定。

比如某人到私人商摊处买过衣服,在试衣时,卖主惊叹道:"啊!真漂亮!穿起来非常合身,朴素、大方、有风度。你比以前年轻了几岁。"那人听了非常高兴,本来是不想买那件衣服的,却买回来了。

数千年来,善于溜须拍马、阿谀奉承的人总是能颇受欢迎,乃至大行其道,原因就是人们的虚荣心给这类人制造了肥沃的生存土壤,谁对他毕恭毕敬、阿谀奉承,就对谁恩宠有加、大加赞赏和关爱。所以,有人说,阿谀是一种伪币,它只有通过我们的虚荣心才得以流通。

《战国策》记载,齐国宰相邹忌,身材魁梧,容貌出众,堪称为一美男子。有一天,他穿戴整齐准备出门时,很满意地问妻子说:"你看我和城北的徐公哪一个比较俊美?""当然是宰相美啦,徐公哪里能跟您比呢?"

大家都知道,城北的徐公是天下公认的美男子,邹忌听了妻子的赞美虽然沾沾自喜,但还是没有太大的自信。于是,又问爱妾,爱妾也毕恭毕敬地对他说:"宰相,您的风流倜傥是无人可及的。"

第二天,恰巧有客人来访,邹忌又问了同样的问题,客人的回答也和妻、妾一样。

隔了一天,徐公翩然来访,邹忌仔细端详,发觉他眉宇间所展露的俊逸,实在不是自己能比得上的,不论再怎么偏袒自己,仍旧是息叹弗如。邹忌思索了良久,不禁大悟:"夫人说我比较美是偏袒我,妾说我美是怕我嫌恶她,而访客这么说是因为有求于我。"

虚荣心人人都有,溢美之辞人人都爱,但是切不可戴着别人给的高帽子飘飘然不知所以,分不清东南西北。要知道在你保持头脑清醒和冷静的时候,别人的赞美是对你的赞同、支持和信任,能给你再接再厉的能量。一旦你的心被那些赞美声融化,你的眼睛被其蒙蔽,那么你就会失去理智,迷失自己,或者被那些不怀好意的善于溜须拍马、阿谀奉承的人所利用而不自知。

生活中最难堤防的不是敌人，也不是那些表面上的刀枪，而是一些人的口蜜腹剑，笑中有刀，这才是真正的阴险狡诈。所以我们应当时刻保持清醒的头脑，辨别哪些是实事求是的评价之辞，哪些又是阿谀奉承之辞。不要被虚荣心冲昏了头脑，成为虚荣的奴隶，在别有用心之人利用之下造成不可挽回的错误，以致亲者痛，仇者快。

## 有条不紊就是效率

真正迅速的人，并非只因事情做得快，而是做得最成功最有效的人。

——《论迅速》

小林是个非常热心的人，一天，他家对门搬来一家新邻居，他就高兴的去帮忙。这时候，主人正在往墙上挂一幅画，小林就上前帮忙扶好，主人刚要钉钉子，小林说："最好钉上一条木头，把画挂在上面。"主人说："对，可是哪里有木条啊。"

小林说："我去找。"就跑去找木头，因为没有合适的木头，他便拿起一把斧子到树林里去砍树枝。斧子生满铁锈，刚砍了两下，他心想："磨刀不误砍柴工。不行，斧子太钝，得磨一磨。"

然后，他便去找磨刀石，可磨刀石找来又发现，由于斧子太重、锈得厉害，磨刀石吃不上劲儿，必须找东西把磨刀石固定起来。没办法，他只好找木匠做架子去了。

小林这一走，很久都没回来，主人在家里等的着急，就用钉子把画挂上了。到晚上，小林的邻居吃完饭散步时，看到小林正在帮木匠扛大树，累得满头大汗也顾不上和他说话，早就忘了挂画的事。

想一想，在工作中，我们是不是也经常像这位小林一样，本来要去做一件很重要的事，却在做的过程中，被其他无关紧要的小事吸引住，结果发现80%甚至更多的时间都用光了，要做的那件事情还没有开始。

比如，我们要去放资料的柜子里找一份非常重要的文件，然后发现柜子里的资料堆在那里，早该整理了，就想先整理一下吧。整理的过程中，又发现上个月的报表上有个数据弄错了，然后就去另外一个办公室找相关负责人去修改。可是那个人不在，又不得不打电话去问什么时候能回来……忙活了半天，当老板要那份文件的时候，还不知道放在哪里。

分不清轻重缓急，等于毫无主攻目标的进攻。在工作中，每一个人每天都会有许多需要做的事情，如果不能合理安排时间，就有可能把最重要的时间都花费在一些无关紧要的琐碎小事上，结果本末倒置，毫无成效。

美国管理学博士在其《有效的经理》一书中写道："我赞美彻底和有条理的工作方式。一旦在某些事情上投下了心血，就可减少重复，开启了更大和更佳的工作任务之门。"

卡耐基在教授别人期间，有一位整日被无穷尽的工作弄得心烦意乱的公司经理来拜访他。当他看到卡耐基干净整洁的办公桌时感到非常惊讶，他原本以为卡耐基的办公室里也会和他一样堆满了各种各样的文件，他问卡耐基说："卡耐基先生，你没处理的信件放在哪儿呢？"

卡耐基说:"我所有的信件都处理完了。"

经理有点疑惑不解,接着问道:"那你今天没干的事情又推给谁了呢?"

"我所有的事情都处理完了。"卡耐基微笑着回答。

卡耐基看着这位公司经理困惑的表情,解释说:"原因很简单,我知道我所需要处理的事情很多,但我的精力有限,一次只能处理一件事情,于是我就按照所要处理的事情的重要性,列一个顺序表,然后就一件一件地处理。结果,完了。"

公司经理恍然大悟道:"噢,我明白了,谢谢你,卡耐基先生。"几周以后,这位公司经理请卡耐基参观其宽敞的办公室,然后不无感激地对他说:"卡耐基先生,感谢你教给了我处理事务的方法。过去,在我这宽大的办公室里,我要处理的文件、信件等,都是堆得和小山一样,一张桌子不够,就用三张桌子。自从用了你说的法子以后,情况好多了,瞧,再也没有没处理完的事情了。"

这位公司经理不仅从堆积如山的工作中解脱了出来,而且几年以后,他成为了同行业中的佼佼者。

事实证明,做事有条理讲顺序是一种非常理性的做事理念,它可以使你对做事情顺序的安排更加合理,时间的分配更加严格,从而避免东一榔头,西一棒子,最后事情却没有办好的结果。

时间对任何人、任何事都是毫不留情的,是专制的。时间可以毫无顾忌地被浪费,也可以被有效地利用。经验表明,成功与失败的界线在于怎样分配时间,怎样安排时间。因此,在面对堆积如山的工作时,别忙着去做,要先理出一个头绪,分清轻重缓急,然后再按照顺序去做也不迟。思维清晰,有条不紊,才能在工作中从容不迫,提高效率。

## 勿急躁,一味求快不是目的

过于求速是做事上最大的危险之一。它有如医家所谓的"前消化"或过速消化一样,一定会使人体中满含酸液与各种难察的病根的。

——《论迅速》

做事戒急躁,气躁心浮,办事不稳,差错自然会多。凡事都要有耐心,用一颗平常的心去面对,要知道心急吃不了热豆腐,欲速则不达。很多时候,我们"略败一筹",正是因为太急功近利,过于浮躁了。

一位年轻人在河边钓鱼,坐在他旁边的是一个老人,也在守望着一根长长的钓竿。

一段时间过去了,奇怪的是,老人时不时地就能钓到一条银光闪闪的鱼,可是年轻人的鱼饵却"无鱼问津"。年轻人终于按捺不住,迷惑不解地问:"我们钓鱼的地方相同,您也没有用什么特别的鱼饵,为什么我毫无所获,而鱼儿却买你的账呢?"

老人微笑着说:"我钓鱼时,只是静静地守候,我这边的鱼根本就感觉不到我的存在,所以,它们咬我的鱼饵。你钓鱼时,时不时动动鱼竿,叹息一两声。这样浮躁的举动和心态,只会把鱼吓走,当然就钓不到鱼了。"

遇事时最好的做法是先思考一番再作决定,许多人一心只想快速达到目标,就仓促行事,人一急躁则必然心浮,心浮就无法深入到事物的内部中，无法去仔细研究和探讨事物发展的规律，无法认清事情的本质，不能对行为的后果做出评估，结果往往不能达到预期的目标。

2011年5月22日下午，苏迪曼杯羽毛球混合团体赛正式开拍。中国羽毛球队虽然前三场比赛——混双、男单、男双都轻松拿下，顺利取胜对手，但是第四场王适娴却在女单对阵申克的比赛中0-2负于对手，也让中国队开局就丢了一盘比赛。

走下比赛场的王适娴情绪低落，汗水爬满了消瘦的小脸，大概是因为输了球无心想这些，她甚至都没擦汗，任汗水往下淌着。

记者急忙走近去采访，聊起比赛，王适娴的话也不多。

"这场球按理来说真是不应该输的球，可是却输了，真正的原因是什么呢？据我了解，这是一场无关胜负的比赛，心态不好应该并不能成为输球的原因吧？"

"心态相对还好吧，因为前面的比赛都赢了，所以到我这里也不存在心态不心态的问题，主要还是想打好自己的球吧！"王适娴说。

"是因为对手实力太强难以战胜吗？据我了解这也不成立——申克虽是中国女单的主要对手，但是中国姑娘的胜率还是挺高的，至少你不久前就赢过。"

"我和她全英的时候刚打了，那次我们俩打了三局我才赢，也是很艰苦。"王适娴承认，跟申克的比赛都很艰苦，但是赢的概率还是高的，两局全败，确实不该。"

"那更不可能是准备不足临场发慌这个原因吧？李永波总教练在昨天的赛前准备会上，专门提点了申克，而作为首场对手，中国女单对她的准备那是相当到位的。"

"准备相对还是比较充分的，因为从知道要跟她比赛就开始准备了。"王适娴都不知道自己到底为什么就输了球。

在被记者问了几个问题之后，王适娴终于回过一点神来了。仔细想了想，回答了一个大概的输球原因："这场球打得不是很顺，主要还是自己打得比较紧，自己第一局上去领先了之后，中局相持阶段处理得不是很好，主要还是自己出手太急躁。"

心态不好，对方实力太强，赛前准备不足……这貌似是所有比赛输球的原因，但是王适娴，在这么一场输赢对团队影响不大，但是输球对自己影响很大的比赛中，却因为情绪太急躁而输掉了球。

事情往往如此，你越是着急，就越是不成功。这并非冥冥中有神秘力量在操控，而是因为焦躁的心态会让你失去清醒的头脑，使你无法冷静地思考和作出决策，自然也就所获甚少，甚至徒劳无功了。静下心来好好思考究竟哪里出了问题，然后再一步一个脚印地去努力，你才能获得实实在在的回报。

急躁容易让我们的头脑发热，造成许多重大的失误。急躁不得，不得急躁，稳中求进才是克服急躁的最大武器，踏实处事才是做人的成功之道。

凡是成就大事的人，都会力戒浮躁，他们修身养性，善于控制自己的心绪，这种稳健的心态是处理各种事情的前提所在。什么样的心态决定什么样的结果，在处理事情之前，不妨心中默念"沉着，再沉着""冷静，再冷静"，在暗示下，慢开口后动手，就容易取得较好的效果。

## 读书使人完善

读史使人明智,读诗使人聪慧,学习数学使人精密,物理学使人深刻,伦理学使人高尚,逻辑修辞使人善辩。总之,"知识能塑造人的性格"。

——《论读书》

曾国藩在他写给儿子曾纪泽的信中讲到:"人之气质,由于天生,本难改变,惟读书则可以变其气质。古之精相法者,并言读书可以变换骨相。欲求变换之法,须先立坚卓之志。"他认为每个人的天赋都无超常之处,认为事业的成功,在于后天的勤学补拙,只有读书才能使人不断的完善。

一个人无法体验所有的人生经验,通过读书可以间接地了解人生,用前人的经验充实自己。前人把知识转换为文字,供后人阅读、汲取文字中的营养,使我们今天能够少走弯路,少走错路,这是我们读书的第一大好处。我们可以从书本上学会选择自己的人生,看清楚人生的道路。

书读多了,身上的气质可以在不经意间体现出来,"腹有诗书气自华",读书能使人心胸开阔、气度高雅、形象清俊、品格升华,能极大地提高人的社会形象和人生价值。

一个人要成功,知识非常重要。只有不断地读书,才能让我们在面对生活和工作时,可以有足够的知识储备供我们随意提取,不仅可以助事业百尺竿头更进一步,还可以交到更多的朋友,积累丰富的人脉。

有一位张董事长，他在年轻时代从事汽车代理业务，积累了1个亿的财富。后来改行做大型百货超市，财富不断增长，60多岁时，资产已经近60亿元。

当别人请教他的成功秘诀时，他只是淡淡地说："赚钱其实很简单。我的秘诀就是多读书，不断补充知识，学习、学习、再学习。我的办公室书桌上，永远都会有几本书供我翻阅。"

有一次，他同一家厂商谈判，这家企业的总裁是位四十几岁的荷兰人。他跟这个总裁聊天，聊到最后，他就问这个总裁："总裁啊，你到底是喜欢打高尔夫球，还是喜欢游泳，或者是慢跑？还是其他的嗜好，比如美术？"

总裁说："所有的成功者都是阅读者，所有的领导者都是阅读者，因此，我最喜欢的当然就是阅读。"

对方一讲到阅读，这张董事长就越来越兴奋了，因为他本人也非常喜欢读书。后来他就问这个总裁："那你最喜欢读哪一方面的书籍？"总裁说："我最喜欢研究中国的哲学。"张董事长就问他了："你最喜欢读谁的书籍？"他说："我最喜欢读老子的。"张董事长问："你喜欢读老子的什么书？"他说："是《道德经》。"

恰巧张董事长对老子有多年的研究，对老子的整个哲学理念有非常透彻的理解，于是双方谈得越来越投机。总裁对张董事长非常地佩服，这个合约自然也就签下来了。

成功人士总是利用各种机会来阅读，获得用来帮助自己更快地实现目标的想法和洞察力。因为他们深深地懂得，如果能在某一时刻运用到某一关键知识，所产生的结果非同一般，这些知识将为他们节约大量的金钱和时间。

"好书悟后三更月，良友来时四座春。"捧一本好书，品一杯香茗，曾是很多人生活中的享受。然而，近年来，随着生活节奏加快、工作压力加大以及网络等新兴媒体的崛起，曾经那个渴望读书的时代，仿佛一去不复返了。参加工作、结婚、生活似乎成了多数人的主旋，似乎有时间逛街购物，有时间上网，有时间追电视剧，却唯独没有了时间去读书。

每天为生活而打拼时，其实最不能忘了的还是读书，没有源源不断的知识动力和精神支撑，我们拿什么去面对竞争呢。只有读书，你才会很容易地融入时代的潮流，跟上社会发展的节拍，才会激情洋溢地投身于你的工作之中。

只有读书，才能够不断地提升自身素质，才能具有良好的精神境界。没有阅读就没有心灵的成长，就没有人们精神的发育。阅读虽不能改变人生的长度，但它可以改变人生的宽度，阅读不能改变人生的物相，但它可以改变人生的气象。不读书的人生是灰色的，只能让你的精神生活渐渐地枯萎。

一生读书，一生聪明；一生读书，一生光明。读书可以增长知识才干、培育道德，开启美好人生之门。古今中外，许多成功者，无不从读书中来，又从读书中大进步。书是人生无限的宝藏，世界上没有一种事比读书更让人得益。

## 因为残疾，所以更坚强

在身体上有让人轻蔑的缺陷的人，总会在心里不断激励自己。因此，所有的残疾人都是非常勇敢的，他们的勇敢最初是为了抵御别人的蔑视，慢慢地，这种勇敢就成了一种习惯。

——《论残疾》

在当今社会中,好多人仍然对残疾人有很深的偏见,总会带着有色眼镜去看他们。人们见到残疾人,不但不帮助他们,反而对他们指指点点,拿他们取乐。正是由于这样的不公正,残疾人往往会比我们一般人更坚强,他们面对生活的挫折、社会的歧视时没有选择怨天尤人、意志消沉,而是从苦难中汲取力量,充满斗志,越挫越勇。

约翰·库缇斯天生下肢瘫痪并做了截肢手术,然而却取得一系列让正常人惊叹的成就:夺得澳大利亚残疾网球冠军,成为澳大利亚板球队荣誉队员,一直坚持不用轮椅而用"手"走路,考取了驾照……

约翰形容自己"每一天都是一场战斗"。他刚生下来时,医生对他的父母断言他活不过一周;过了一周,医生又说他活不过一个月;过了一个月,医生又说他活不过一年;然而父母并没有放弃,只是更加悉心地照料他。周围有不少小孩骂他是"怪物";10岁那年被一群同班的小学生绑起来扔进点燃了的垃圾桶里,差点送命,后来幸被一位女老师发现并救了出来;更有一些同学恶作剧,在他的课桌周围撒满图钉。

面对不幸和嘲讽,约翰·库缇斯并没有自暴自弃,他以超人的毅力生活、学习,虽然他被确诊患了癌症,但他始终以积极的心态面对人生,面对哪些在成长过程中歧视、敌视他的人……他每天都像战士一样,时刻鼓励自己坚持下去。

约翰·库缇斯的口头禅是"因为我们可以"。就是因为这种信念,他不坐轮椅,坚持用手走动;为了能够走远路,他还学会使用滑板;他坚持参加体育运动,并取得许多人认为不可能的成绩。

今天的约翰·库缇斯,已经成为了国际著名激励演讲家。他的格言是"因为我们可以",他无视艰苦阻难,很多正常人没有去做的事情,他已经先一步做了。约翰·库缇斯作为一名职业教育家和赋予灵感的演讲师,曾经在澳大利亚对25万人和世界上超过100,000个人的企业及社团演讲。

残疾人比之健全的正常人是不幸的,他们或与生俱来就有残缺,或后来人生遭遇不测,无论哪一种,都让人唏嘘、同情。然而,就像贝多芬说的一样,"我要扼住命运的咽喉,他绝对不能把我完全压倒!"残疾人无法改变天生的缺憾,却往往会拥有大多数正常人所缺少的坚强,化腐朽为神奇,奏出了一曲自强不息的生命之歌。

我是生命的流星

我的诞生就是死亡

哪怕生命仅此一刹那

也要诠释一种深刻

我在你眼里印出

对生存最炽热的光芒

我在你心上留下

珍惜每一秒钟的景象

我在你思维中刻着

永不放弃的信念

我在你人生的旅程里

写下堕入终结时最勇敢的璀璨

写这首诗的是湖北青年五四奖章获得者,应城市田店镇田店村29岁的残疾女青年田子君。

田子君是家中的长女,幼年的她明眸秀丽、嗓音清亮、活泼可爱,是爸爸妈妈的掌上明珠。3岁那年,田子君得了一种怪病导致下肢高位瘫痪,双手畸形无力,身体萎缩变形。然而就是这样一个羸弱的生命,在他父母外出打工的12年里,独自承担起照顾两个残病弟妹的责任,为他们支撑起一个温暖的家,用她的坚忍和顽强展示生命的毅力。

田子君没有上过一天学,她以字典为师,以广播为友,学会了看书写字,用自己变形的手镌刻下一行行灵动的诗句,谱写出生命美丽的乐章。田子君虽然身体残疾孱弱,但她的内心却健康阳光,她把融入社会、为社会所需要当作人生的追求,她开办心理热线,用自己亲身经历引导处在困境和迷茫中的青少年走出低谷。

上帝是不公的,他把含有最后一缕阳光的窗户紧紧关上,让残疾人无法感受阳光的温暖,只能独自在阴暗中默默承受着那一切。但是上帝又是公平的,他们没有赐予残疾人健全的身体,却给了他们钢铁般的意志,常常会完成不可思议的事情。人们称残疾人为"折翼的天使",但是他们并没有放弃飞翔,在他们的心里永远都有着一对"隐形的翅膀"。

##  管理打破"大锅饭",干多干少不一样

> 用人时,在恩惠的给予上,有所区别是好的。这会使得受宠的人感恩戴德,同时又可以让别人更加殷勤。
>
> ——《论随从和朋友》

任何管理者都必须知道,如果失去了公平的态度就会摧毁部下对自己的信赖。所以很多管理者由于怕引来大家的怨言,就拿平均来代替平等,干多干少一个样,有了奖金大家就平分,以为这就平等了,事实上这才是最大的不公平。

吴兴大学毕业后进入了一家中外合资公司做销售工作。他很满意这份工作,因为工资高,而且还是固定的,不用担心未受过专门训练的自己比不过别人。若拿佣金,比人少得太多就会丢面子。这样倒好,没有压力,可以好好过一阵清闲日子了。

但随着年龄增长,孩子出生,家庭经济压力的增大,他有了一种成就事业的紧迫感。于是,他开始努力工作改变现状,随着对业务的熟悉和与客户关系的加强,销售额也渐渐上升了,他渐渐感到工作的得心应手。

尽管他的业绩有了很大提升,薪水却没什么变化,更没有得到过老板的表扬,这让他很是不爽。因为依照该公司的政策,是不公布每人的销售额,也不鼓励互相比较。

看着永远"平静"的公司,吴兴越干越觉得自己没有动力和激情了,觉得前景特别暗淡,于是辞掉了这份别人看起来的美差。

谈及绩效管理与奖酬,常常让老板们伤透脑筋,尤其每到岁末年终进行绩效评估及核发奖金时,便让老板们压力倍增,不知道怎么做才能体现真正的公平,让大家都满意。

考核下属的绩效及确定奖酬的确是件相当吃力不讨好的工作,你如何在绩效评估时告诉他因为他绩效不好所以抱歉没有奖金,或是因为公司评估他的能力没有未来性、没有市场竞争力,所以不能给加薪,或者是对一位自认"尽心尽力为公司卖命"的员工,告诉他的考绩是二等或三等,而让他产生不平之鸣,甚至质疑你对他有所成见,这种"谈钱伤感情,谈绩效伤脑筋"的痛苦,确实是难以承受的。

所以,很多企业内,依然将绩效评估视为一年一度的例行公事,采行轮流制度者有之,即甲、乙、丙等大家每年轮流,人人有机会,个个逃不掉。还有很多企业在全体接受表扬时,都是把所得奖金平均分配,每个人分到的钱实在少得可怜。要判断每个人贡献的多寡并不容易,但如此平等下去,必将损害大家的积极性。只有能够保持公平公正的绩效考核才能让员工和管理者之间形成融洽、信任的关系,如果员工对绩效考核没有积极的态度,甚至表示反对,那么管理者就要检讨自己是否让员工感受到了公平。

在美国通用电气公司,管理者十分注重学习,但是相比于学习,更注重的是业绩。他们认为,一开始你不了解自己的工作,不可能把它做好,但是经过学习之后,一切都要靠业绩证明。它的管理者向自己的员工传达了这样一个理念:业绩在通用公司的文化中占有十分重要的位置。当你进入了通用,不管你来自哈佛,还是来自一个不起眼的学校,衡量你的都是同一套标准,你现在的表现比你过去的经历更重要。在这里,绩效考核总是服务于员工的成长,通用为员工提供了很多表现自己的机会,员工随时都可以接受更大的挑战。正是凭借这样的绩效考核,美国通用电气公司取得了令人瞩目的成绩。

当管理者的绩效考核得到了员工的认可,并成为促进服务于员工成长的工具时,员工就会充分地发挥自己的主动性去面对企业的考核,积极为企业的成长努力。

真正的公平是必须依每个人的差异订立标准的。即使判断是件非常困难的工作,还是不能省掉这重要的一环。在不平等的现实情况下,通过给予每个个体公正的评价之后,再决定其应得的报酬,这种立足点的平等才能达到真正的平等。

人力资源专家多年前就已大力阐述差异化绩效评估及奖酬制度的重要性。他们提出了必须要将员工奖酬的差异化扩大,改变往日以员工过去表现来衡量员工价值的观念,改为留意员工的未来价值,以及重视员工的核心能力是否有助于组织愿景的达成及长期策略的落实。同时,也要重新看待调薪的意义,调薪应着眼于员工的未来价值,因此拥有深厚潜力的新员工加薪幅度应大于无所表现的资深员工。

在一个公司中，每个人付出的劳动不一样，所得的收入也不一样。对于那些业绩优秀的人一定要给予奖励，尽管物质利益并非是激励人的唯一手段，但却是最基本的和最重要的手段之一。毕竟"天下熙熙皆为利来，天下攘攘皆为利往"，"重金"之下必有"千里马"。

美国企业巨子艾柯卡有言：企业管理无非就是调动员工积极性，而调动员工积极性正是激励的主要职能。合理的绩效考核制度是积极调动人才的积极性和创造性，增强事业心和责任感，提高企业的服务质量、服务态度和竞争力的最好方式。

## 求人办事，不轻易相信别人的承诺

有的人答应别人办事，心里却没有切实去办的意思。有些人接受人家的请托，是为了阻挠另一个人。或者借机扬某人之恶。或者一般而言，他们答应别人办事，不过是利用别人的事为自己的事做一个过渡的桥梁。甚至还有人答应替别人办事，却期待事情不成，为的是取悦于请求者的敌人或者竞争对手。

——《论求情办事者》

人都有求人的时候，这时，我们常听到别人漫不经心地说："有事我负责"、"这事我给你办，你就把心放在肚子里吧"、"太简单了，小菜一碟，没问题"、"我说话就好使，你还信不过我吗"，等等。

听到这些话，我们往往会像抓到根救命稻草一样，觉得完全可以放下心来了。事实上，因为人都不愿当面拒绝别人，大都随口说说一些场面话，不可当真。

张林是一家事业单位的工作人员，多年没有升迁，有次他听说另外一个单位有一个高一级的职位空缺，按他的资历也很符合。于是他就通过朋友牵线，拜访一位负责人事调动的单位主任，希望能调任那个职位。

当面交谈时，那位主任表现得非常热情，并且当面应允，跟他打包票说："绝对没问题！"

张林满怀期待地回去等消息，谁知半个月、一个月、两个月过去，一点消息也没有。他打电话去问，那位主任不是外出，就是"正在开会"，后来朋友告诉他，那个位置已经有人捷足先登了。他很气愤："为什么当时主任对我拍胸脯说没有问题？"弄得他的朋友也不好意思起来，最后不欢而散。

有时候你去求人办事时，对方顾及人情等压力，当面拒绝你，场面会很难堪，而且会马上得罪你，如若你缠着不肯走，那更是麻烦。所以用"场面话"先打发你，能帮忙就帮忙，帮不上忙或不愿意帮忙再找理由，总之，有"缓兵计"的作用。

这时候，不要过于相信这种诸如"我全力帮忙"、"有什么问题尽管来找我"的场面话，要冷静下来，对这些话的可信度持保留态度。一方面"姑且信之"，另一方面做最坏的打算，为自己留出后路。

求人办事时尤其不要相信酒桌上的承诺。酒桌上的人说话在开始阶段还算中规中矩，酒过三巡，就不着边际了，有时候说话的人酒后都不知道自己说了什么。

刘丽是在一家国企做人事工作，有一次陪领导招待一帮记者朋友。其中有一位报社实习记者是大学刚毕业的小姑娘，人长得很甜,据说文章写得也不错。席间,领导问她愿不愿意到这里来工作,并保证给她一个秘书科长的位置。那位小姑娘开始很犹豫,并没有点头。但这位领导劝了又劝,许了好多的愿,后来,拍着胸脯说,只要你愿意来,我马上给你办手续,保证待遇等一切方面都比在报社要好,领导还让刘丽回去提醒他办手续的事。

过了大概有一周,刘丽收到一份特快专递,里面是那位小姑娘的求职信和简历。她在信中说,她经过考虑已经决定来公司工作,目前已和报社提出辞职,请刘丽尽快给他们报社发一份同意接收她的公函,以便办理辞职善后的手续。刘丽把这封信交给了那位领导,领导扫了一眼,笑了笑,竟说,咦,她怎么当真啊!

刘丽说,是啊,她已经提出辞职了,看来是决定来了。领导又说,那天我是开玩笑的,酒桌上的话她怎么也信?这事我可办不了。刘丽你和她说说吧,劝她别辞职了,在报社干不是挺好吗?

刘丽按照领导的话,给那位小姑娘去了电话。据她讲,那小姑娘听到这个消息,一句话都没说,只是呆在那里,五六分钟才放下话筒,她肯定恨透了这个说话不算话的领导了!

"病急乱投医",即使我们很着急地想办成某件事情,也不要轻易相信这些口头上的承诺。别人的诺言,只能作为参考,在还未实现时不要当真,可以当做一个机会,办成固然好,办不成的话也不要失望。

求人办事的人,总认为被求者一定神通广大,办什么事金口一开、大笔一挥就成,实际上情况并非如此。每个人都有每个人的难处,对别人的要求不能太高,否则只会希望越大,失望也越大。

古人有言:"诺不轻信,故人不负我。"意思是不轻易相信别人的承诺,别人才不容易伤害自己,所以不要太相信别人的承诺,许诺是时间结出来的果实,果实尽管美妙,谁能保证不会被雨水打落!

## 待人接物,不拘小节不可取

　　小节就可以赢得大的赞许。因为小节不经意的表现出来,更易被人关注。而展现出大才的机会,则犹如节日,并非每天都有。

　　　　　　　　　　　　　　——《论礼貌和尊重》

　　史蒂夫·奥得兰先生曾在《难以描述的管理定律》一书中写过他年轻时的一个故事。

　　当他在丹佛的一家餐馆中当服务生时,曾不慎将食物倒在一个贵妇人的裙子上,但即使是过了三十年他仍然记得妇人的反应:她在惊讶之后迅速恢复冷静,并微笑着告诉史蒂夫:"没关系,这不是你的错。"

　　他从中得出了著名的服务生定律:一个人素质的高低并不体现在他如何对待一个著名的CEO,而在他如何对待一个普通的服务生。换句话说,一个人的文明素质体现于细节。

　　礼仪是做人行事、待人接物的规矩,不懂礼就是无礼。它不是一些简单的形式,而是道德的体现,道德的落实。一个人的道德品质如何,通过他的行为仪表表现出来。不懂礼貌、言谈举止粗鲁,就是不文明的表现,更是缺乏教养的表现。

　　刘松是一家机械公司的推销员,他的业务能力很强,跟客户的关系也很好,可就是有一个开关门不太礼貌的毛病。一天,他去拜访一位很重要的客户,进门时他没有太注意,随手将门重重地关上了。

接待人员将他带到会客室中，他心里还在想如何实施自己的推销计划，可是经理的一句话，让他无地自容。

经理说："小王啊，你开关门那么用力，我们公司的门都要被你弄坏了，你是不是对我们公司有什么意见啊？"

从开门关门动作的轻重，可以看出一个人的修养、内涵和水平，也反映了一个人的精神面貌，更重要的是，直接影响到对方对自己的印象好坏，所以要格外注意。

言行举止上的细节是一个人素质和修养的表现，而粗俗的言谈举止势必会引起旁人的反感和抗议，使人敬而远之。有时候，一个很小的动作或礼貌习惯都有可能影响到办事的结果。所以，在办事的过程中一定要注意礼貌待人，才不致于因小失大。行为礼貌是必须的，它是你办事成功与否的前提之一。

王小容去参加一个外企的面试。看着前面五十几个人的队伍，她的心情有点紧张，手心里全是汗水。王小容想一定要调整自己的情绪，于是她深吸一口气让自己平静下来。想着书上讲韩国人都比较注重礼貌和礼仪，所以等会一定要表现出自己最良好的一面。

看到一个个应试者陆续地走进应试办公室，王小容突然发现一个细节，那就是他们都极少敲门而入。这应该是一个突破点。一定要引起面试者对自己的注意，才会给面试者留下好的印象。

轮到王小容进入时，她深吸了一口气，走到应试办公室前轻轻地敲了三下门，只听里面说："这个不错，竟然敲门。"王小容知道她应该是在未露面前就有了一个好的开始，所以信心十足。

"进来。"主试者是两个高个文质彬彬的人，他们很有礼貌地站起来做了一个90度的鞠躬。用很重的中国话说了个"你好"。王小容也回应着做了90度的鞠躬说了句你们好。接下来问了一些问题，她也从容地一一作了回答。

不出所料,最后在五十几个面试人中有十四名被录取,王小容就是其中一个。

面试时注重礼仪举止会给你的形象加分,给面试官留下一个良好的印象,参加面试,还要注重以下几个小细节。

一定要守时,千万别迟到。守时是职业道德的一个基本要求,在面试时迟到或是匆匆忙忙赶到却是致命的,如果你面试迟到,那么不管你有什么理由,也会被视为缺乏自我管理和约束能力,给面试者留下非常不好的印象。

到达面试地点后应在等候室耐心等候,并保持安静及正确的坐姿,不要四处张望,不要驻足观看其他工作人员的工作,手机坚决不要开,避免面试时造成尴尬局面。

应聘者在面试前应保持头发干净、口气清新,面试前不妨先嚼一下口香糖,减少异味,在着装上应该尽量与公司文化相符合。

面试时,谈话时要与考官有恰当的眼神接触,给主考官诚恳、认真的印象。不太明白主考人的问题时,应礼貌地请他重复。陈述自己的长处时,要诚实而不夸张,要视所申请职位的要求,充分表现自己有关的能力和才干。不懂得回答的问题,不妨坦白承认,如果被主考人揭穿反而会弄巧成拙。

礼貌待人,这个道理许多人都很清楚,也很明白,也时常这样来要求别人,可自己做起来并不一定就完美、轻松。有些人把日常生活中不文明的举止行为当作小事而不加以注意,其实,文明举止恰恰是从一些小节体现出来的。一些小事,却反映了一个人的素质和修养。

## 礼貌,是你最好的推荐信

有礼貌,可极大地提高人的声誉,并且就像拥有了推荐信一样。

——《论礼貌和尊重》

中国有"君子不失色于人,不失口于人"的古训,意思是说,有道德的人待人应该彬彬有礼,不能态度粗暴,也不能出言不逊。礼貌待人,礼貌用语,是尊重他人的具体表现,是友好关系的敲门砖。

所以我们在日常生活中,尤其在社交场合中,会使用礼貌用语十分重要。多说客气话不仅表示对别人的尊重,而且表明自己有修养,礼多人不怪,是人之常情。

"谢谢你"、"对不起"和"请"这些礼貌用语,如果使用恰当,对调和及融洽人际关系会起到意想不到的作用。

无论别人给予你的帮助是多么微不足道,你都应该诚恳地说声"谢谢"。正确地运用"谢谢"一词,会使你的语言充满魅力,使对方备感温暖。道谢时要及时注意对方的反应,当对方对你的感谢感到茫然时,你要用简洁的语言向他说明致谢的原因。对他人的道谢要答谢,答谢可以用"没什么,别客气"、"我很乐意帮忙"、"应该的"来回答。

社交场合学会向人道歉,是缓和双方可能产生的紧张关系的一剂灵药。如你在公共汽车上踩了别人的脚,一声"对不起"即可化解对方的不快。道歉时最重要的是有诚意，切忌道歉时先辩解，好似推脱责任；同时要注意及时道歉，犹豫不决会失去道歉的良机。在涉外场合需要他人帮忙时，说句"对不起，你能替我把茶水递过来吗"，则能体现一个人的谦和及修养。

在麻烦他人的时候，"请"都是必须挂在嘴边的礼貌语。如"请问"、"请原谅"、"请留步"、"请用餐"、"请指教"、"请稍候"、"请关照"，等等。频繁使用"请"字，会使话语变得委婉而礼貌，是比较自然地把自己的位置降低，将对方的位置抬高的最好的办法。

"良言一句三冬暖，恶语伤人六月寒。"礼貌用语就属于良言之列。礼貌用语在公关活动中起着非常重要的作用。说话有礼，言谈文明，会给初次见面的人留下一个好的印象，而且这印象也许将会是持久而不可轻易改变的，这就会让双方的交往一直顺利通畅。

细微的礼貌，融洽了人与人之间的微妙关系。在社会交往中，想要成为受欢迎的人，不仅要多使用礼貌用语，还要注重礼仪细节。

比如，在我们和别人交谈的时候，如果能够在恰当的时机称呼一下别人的名字，那无疑就会迅速拉近你们之间的距离，即使是和完全不熟悉的人打交道，相信也会轻易收获好人缘的。

一位通用汽车厂的普通雇员，在公司的餐厅吃午餐的时候，他发觉负责点餐的那位女士总是愁眉苦脸，自己前去点餐的时候，她慢腾腾地在小秤上称了片火腿，然后给了几片莴苣，几片马铃薯片，做一个三明治居然用了十分钟。

隔一天，这位员工又去餐厅用餐，他仔细地看了看那位女士的工作牌，记住了她的名字。于是他笑着叫她："汀娜，你好！"然后告诉她自己要什么。她很高兴，没有秤直接给了他一堆火腿，三片莴苣，和一大堆马铃薯片，多得快要掉出盘子来了。

因此，请记住这条规则："一个人的名字，对他来说，是任何语言中最甜蜜、最重要的声音。"

在和别人交谈的时候，别人对你十分熟悉，热情如火，而你偏叫不出对方的姓名。碰到这样的情况，不仅会让你十分尴尬，更会让别人感到失望。

然而多礼还必须诚恳，多礼而不诚恳，可得知其人的虚伪，虚伪反而使人讨厌。能诚恳，才能恭敬，才是真的礼貌。

一位先生听说，外国人非常喜欢他人的赞美，特别是外国的女人，最爱听人们夸她们漂亮。后来，他出国了，就试着去赞美别人，效果不错。

一天，他去超市，迎面走来一位很胖的妇女。他习惯地说："哦，女士，你真漂亮！"

不料那位妇女白了他一眼，不满地说："先生，你是不是离家太久了？"

赞美实际是向对方表示一种肯定、理解、欣赏和羡慕，对方从我们的话中领会到的就是这些。如果赞美不当，就如隔靴搔痒，起不到什么作用。如果不是真心的，赞美过火，可能会让人反感，觉得我们是在拍马屁。

所以，诚恳的态度是关键。只有态度诚恳，我们的赞美才能显得自然，别人才会对我们的赞美感兴趣，我们才能获得理想的效果。

孔子说："不学礼，何以立。"孔子的所谓礼，自然不单指礼貌而言，但是礼貌必在其中是可以肯定的。言语行动，音容笑貌，都要注意，文质彬彬，然后君子，礼多人不怪，在对人方面来说，礼多可足以表示你是位君子！

# 想办法赢得大人物的赏识

> 假如有地位和有见识的人赞誉某人,就像《圣经》所谓"美名有如香膏",它的香气插满四周而且不易消失,因为香膏的香气要比花卉的香气更耐久。
>
> ——《论赞扬》

如果你想把自己的事业做大,如果你想挣更多的钱,如果你想让自己的交际圈子更广,毫无疑问,你需要大人物的影响力。每一位大人物都是一座宝藏,你也可以借助成功者们的影响力,从而成为大人物。

然而,大人物不是那么容易见的,大人物的时间是非常宝贵的,因此结交大人物要讲究策略和方法。

当你有机会与大人物见面或者说上话时,一定要给他们留下好的印象,使他对你产生兴趣。当与大人物交谈时,切记,把你谈话时间的99.9%都用在询问大人物的事情上。千万不要谈你自己的事情,除非你有把握知道,谈比不谈更好。因为在这个时候,大人物对你或你的事情毫不关心。

我们可以通过"设问"些开放式的问题来赢得他们的好感。我们需要问的问题应该是开放式结尾的,就是"问正确的问题",以便对方回答时感觉良好。"开放式结尾"的问题你可能知道,就是该问题不能用简单的"是"或"否"来回答。

比如"您是如何创立您的事业的?"

没有人不喜欢讲自己的故事,每一个人都喜欢自己在他人心里成为主角。那么,就让大人物们与你一起分享他们的故事吧,你要做的就是主动地倾听。

比如"您最喜欢您事业中的哪一点?"

你很快会发现,这个问题将激发出大人物良好的正面感觉,并使你获得你正在寻找的正确性回应。它必然远远胜过这个负面性问题:"您能告诉我,您最讨厌您事业中的哪一点……"

在交谈过程中,千万别过于关注你想说的话,否则对方就会感觉你并没有全神贯注地倾听。切记,让对方说他想说的话,让对方感觉良好。

另外,对你想结交的大人物要有充分的了解,对他们感兴趣的东西去好好学习。有了相同的兴趣,你就可以和他们慢慢地熟悉起来,在交往中会有推波助澜的作用。

你可以通过媒体或其他途径关注他们的情况,了解他们的过去、经历专业、业务工作、兴趣爱好等,他喜好什么运动、什么物品、是什么性格的人,他喜欢或经常参加什么聚会,他休闲、娱乐的方式有哪些,到什么地方等。

宋林每天早上去上班的时候,总会碰到楼下的园林设计师王先生,但宋林总是和他搭不上话,因为这位王先生性情清高孤傲,不容易让人接近。

一次,为了博得老设计师的欢心,宋林事先做了一番调查,她了解到老设计师平时喜欢作画,便花了几天时间读了几本中国美术方面的书籍。她来到老设计师家中,刚开始,老设计师对她态度很冷淡,宋林就装作不经意地发现老设计师的画案上放着一张刚画完的国画,便边欣赏边赞叹道:"老先生的这幅丹青,景象新奇,意境宏深,真是好画啊!"一番话使老先生升腾起愉悦感和自豪感。

接着，宋林又说："老先生，您是学清代山水名家石涛的风格吧?"这样，就进一步激发了老设计师的谈话兴趣。果然，他的态度转变了，话也多了起来。接着，宋林对所谈话题着意挖掘，环环相扣，使两人的感情越来越近。

在我们工作中，身边的贵人就是领导。无论是事业的成功，还是升职晋级，都有赖于通过交际行为赢得上级的赏识。在日常工作中，要获得老板的青睐，必须要在细节上"动之以心，晓之以情"。

衣着直接反映一个人的审美观和价值观，而人们总倾向于和那些与自己价值观一致的人亲近。你可以通过领导的穿衣风格来了解他的性格和审美取向，从而注意自己平时的衣着来获得潜移默化的欣赏。

注意说话的技巧，尽量做到客观、中庸而不平庸。态度尽量谦恭，不要轻易挑战老板的权威。他对某重大事件征求你的意见的时候，不要张口就说，可以先问一下他的看法。对他的看法认真听取，分析他的主要目的，在不起导向作用的地方提出锦上添花的建议，不要试图提出截然相反的方案。

有些人以为与老板保持较近的关系能得到比别人多的好处，更有人怀着与老板成为朋友的期望不断与老板套近乎。其实，这种做法是不可取的，老板毕竟是老板。

与大人物交往首先一定要胆大，敢于去接触他们，与之平等交往。其次，则须注重细节，大人物们往往是注重细节的人。与大人物交往有很多值得我们注意的细节，不同的人、不同的情境下，我们要注意的事情也有所不同。更多的时候我们要自己努力摸索，寻找最恰当的处事方法，让这些大人物成为我们的贵人，为我们的飞黄腾达做助力!

## 怒气不可消灭，但可以控制

只有好好地沉思细想怒气的效果，明白它是如何地扰害人的，我们才可以在怒气熄灭后回想当时的情形。塞涅卡说："怒气有如下坠之物，把自己粉碎于所降落的东西之上。"《圣经》教我们"要以耐性保持我们的灵魂"。无论何人，若是失了耐心，就等于失了灵魂了。人们决不可变成蜂，"把他们的生命留在所螫的伤口之中"。

——《论怒气》

在日常生活和工作中，不可能事事都能顺着自己的意愿，所以当客观实际和主观愿望相抵触时，愤怒的情绪就会自觉或不自觉的产生。

俗语说："一个愤怒的人只张开嘴巴却闭上了眼睛。"愤怒加上情绪的煽动，会燃烧得更为炽热。在盛怒的当下，人会失去理智，变成伤人伤己的危险动物。愤怒会使人赔上自己的声誉、工作、朋友及所爱的人、心情的宁静、健康、甚至失去自我。

有一天，在一家高档西装店里，一位顾客正拿着昨天刚买的西服，执意要退换，理由是西裤上有一处污点。由于是打折产品，公司规定不能退换，所以一位服务员正在耐心地跟这位顾客解释。但顾客完全不予理会，还越来越不讲理，最后还威胁说要打电话到消费者协会去举报这家店。那个服务员面对如此蛮不讲理的顾客，也失去了耐心，一团怒火上来，竟和顾客争吵起来。

很快的，争吵声便引来了周围其他人的注意，而服务员非但没有停止，而且怒火越来越烈，最后竟然骂出了非常难听的话，还指名威胁顾客。顾客也不服气，于是服务员开始动手推顾客出去，结果顾客摔倒在地上。这下围聚的人更多了，很快商场经理和主管纷纷赶来维持秩序，并且当场就解雇了这名服务员。

无法抑制的怒气无疑是伤害身心至深的本源。然而，愤怒如同其他的情绪，并非超乎我们的控制，即便你有时候觉得自己已经控制不住的时候，它仍然可以被控制住。

首先要把目光集中在事身上，而非人身上。当我们对人发怒气的时候，我们是把火力放在了人身上，常常忽视了问题本身。有时候，我们在尚未理性的看待某事之前就先发怒，变得情绪化。要避免这种情况，不断提醒自己，不要偏离最初的轨道，一定要将重点转移到问题解决方案的提出上。

多年以前，美国一家石油公司的一名高级主管作出了一个错误决策，使该公司一下子损失200多万美元，当时掌管这家公司的正是大名鼎鼎的洛克菲勒。坏消息传出后，公司主管人员都设法避开洛克菲勒先生，唯恐他将怒气发泄到自己头上。

有一天，这家石油公司的合伙人爱德华·贝德福德走进洛克菲勒办公室时，发现这位石油帝国老板正伏在桌子上，用铅笔在一张纸上写着什么。

"哦，是你？贝德福德先生。"洛克菲勒说，"我想你已经知道我们的损失了。我考虑了很多，但在叫那个人来讨论这件事之前，我做了一些笔记。"

原来，在那张纸的最上面写着"对某先生有利的因素"，下面列了一长串这人的优点，其中提到他曾三次帮助公司做出正确的决定，为公司赢得的利润比这次的损失要多得多。

为此贝德福德感叹道："我永远忘不了洛克菲勒面对棘手问

题时的冷静。以后这些年，每当我克制不住自己，想要对某人发火时，就强迫自己坐下来，拿出纸和笔，写出某人的好处。每当我完成这个清单时，自己的火气也就消了，就能理智地看待问题了。后来这种做法逐渐成了我工作中的习惯，记不清多少次了。它制止了我去做愚蠢的事情——发火，那会导致我在生意场上付出惨重代价。"

当受到别人挑衅的时候，我们要先控制自己的怒气，慢慢来。不妨给自己留出十分钟的时间冷静一下，深呼吸一下，你的怒气会慢慢平息，千万别轻易就让愤怒占了上风，为了一点小事就大动干戈，只会让怒气把你的理智给烧尽。

生气时，我们首先要切记，和睦的人际关系胜过一切。中国有句古话，叫"和气生财"，我们从这些都可以看到和睦的人际关系对我们工作、生活、身体的益处。一般发怒的时候，是将自己的利益得失置于和睦关系之上了，只求自己舒服、自己痛快，忘记了自己发怒也会伤害到别人，从而影响彼此之间的关系。

生气时，我们需要直面自己内心的伤害，要记得平静地说出自己的感受。不要我们忍了怒气，就以为事情可以结束了。很多时候，我们的逃避并不是代表问题的解决。当我们用平静的心向对方表示我们受到的伤，相信这不仅可以医治我们，也可以对那个伤害我们的人有造就，可能他在今后与你的交流中，他会注意方式方法，在意你的感受。记住，这里只是需要你说出自己的感受，并不是要你去指责对方。

"忍一时，风平浪静；退一步，海阔天空。"人们在怒火中烧时，不能意气用事，不能冲动，一定要克制住自己的怒火。当我们用宽容大度的品德修养来对待事情时，别人才会发自内心地产生尊敬，由此我们就会体会到生活的愉快和快乐。

# 友谊对人生是不可缺少的

得不到友谊的人将是终身可怜的孤独者；没有友情的社会则只是一片繁华的沙漠。

——《论朋友》

古罗马政治家和哲学家西塞罗所说："如果生活中缺少友谊，就像世界失去了太阳，因为太阳是上帝赐予我们最好的礼物，而友谊则可以给我们带来最大的快乐。"

每一个人都期待得到真正的友谊，一帆风顺的时候，人们需要它来点缀和衬托；忧愁的时候，人们需要它来排忧；遇到困难的时候，人们需要它带来闯关的力量；成功的时候，人们需要它带来衷心的祝福；孤独的时候，人们需要它伸出热情友爱之手……

真正的友谊能让人与人之间得到最大的谅解，能让人类的情感之花更加灿烂，是人生最珍贵的典藏品，是每个人一生的宝贵财富。

古希腊民间传说中，达蒙和皮斯亚斯是一对情比金坚的好朋友。

皮斯亚斯由于反抗君主被判死刑，达蒙拿生命作抵押使他能回家料理私事和与家人告别。但是，当执行死刑的日子临近时，皮斯亚斯却还是没有回来。君主嘲笑达蒙："你真是太愚蠢了，把友情看得这么重要，还不是白白地为朋友送死。人类是不存在真正的友情的，皮斯亚斯恐怕早已逃之夭夭了。"达蒙听了

只是一笑置之。

执行死刑的那一天，正当达蒙被押上刑场时，皮斯亚斯赶到了。他十分激动地冲上前去，上气不接下气地解释自己迟到的原因。两个朋友亲切地互相问候，做最后的告别，场面非常动人。

君主被他们的友谊深深感动了，宽恕了皮斯亚斯。他带着羡慕的口吻说："为获得这种友情，我甘愿献出我的王国。"

在人的一生之中，友谊的影响是不可磨灭的，著名的哲学家西里斯博士曾说："友谊能够改变一个人的命运。当年轻人忽视他身边的朋友时，其成功的机会就会大打折扣。"

友谊可以增进智慧。纵使无比杰出的人物，也会对某些事情心存偏见，留下人生遗憾。而朋友的忠告可以使你少犯错误，和朋友的交流使你增长见识。朋友的忠告可以弥补人身上的缺点，有利于人的心灵健全，可以促使人事业进步。

众所周知，比尔·盖茨和沃伦·巴菲特是非常要好的忘年交。其实，十几年前，他们两个彼此只闻其名，不识其人，两人之间甚至还有很深的偏见。在比尔·盖茨的印象中，巴菲特固执、小气，靠投资发财，不懂时代先进技术。巴菲特年长盖茨二十五岁，在他眼里，盖茨不过是一个靠着运气好赚了点钱的年轻人而已。

然而随着交往的深入，两个人逐渐建立起深厚的友谊。盖茨认识到巴菲特是个不可多得的朋友：他并非一毛不拔的"铁公鸡"，而对金钱有着超凡脱俗的深刻见解，他说"财富应该用一种良好的方式反馈给社会，而不是留给子女……"；他的家庭生活幸福美满，对待朋友非常真诚、信任，他的人格魅力常常打动每一个与之交往的人。这些恰恰是盖茨自己所欠缺的，在他的影响下，一心忙于工作的盖茨将生活的重心从工作移到了家庭上，他与妻子梅琳达的关系越来越融洽，并且也会经常抽空带孩子们出去游玩。

巴菲特因为妻子去世,无法从悲伤中走出来,他拒绝参加一切会议和聚会,也拒绝一切朋友的探望。盖茨感到非常焦急,他担心长期这样下去会对巴菲特的事业和健康带来极大的损伤。在他和梅琳达的反复劝说下,巴菲特终于同意和盖茨一起去国外旅游。这次旅行让巴菲特从悲伤中走了出来,对人生有了新的领悟,那一晚,他找盖茨聊了整整一夜。回美国后,巴菲特就宣布把自己的大部分财产捐给比尔·盖茨的慈善基金会,引起举世轰动。

拥有了朋友,就能从对方那里寻找到曾经没有的感觉或是答案,可以让曾经迷茫的自己找到柳暗花明的感觉,也可以从对方那里学习到自己缺乏的知识。朋友之间互相帮助,互相扶持,人生才可以完满。

有些朋友会不断激励你,让你看到自己的优点,他们经常在事业、家庭、人际关系等各方面给你提供许多建议,成为你最大的心理支柱。

有些朋友会一直维护你,并在别人面前称赞你,相互打气,使得彼此成为对方成长的基石。有些朋友能让你接触到新观点、新机会,他们可谓是你的"百科全书",他们的知识广、视野宽、人际脉络多,会帮助你获得许多不同的心理感受,使你成为站得高看得远的人。

有些朋友善于帮助你清理思路,在你遇到困难的时候,一旦靠自己的力量难以化解时,他们总能及时出现,最认真地考虑你的问题,给你最适当的建议。

有些时候朋友会是你形象的代言人。"观其友,知其人",朋友往往是可以反映一个人的镜子。如果这人连朋友都没有,那么就大致断定,这人不是太过自命不凡,所以好多人就会对这样的人退避三舍。

没有朋友的人是可悲的,形单影只,内心寂寞,痛苦无处倾

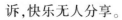

诉,快乐无人分享。

人可以一无所有,但却不能没有友情。一个人的天空是狭小的、单调的,友情织成的天空,是广阔的,也是灿烂的。友情能给人的生活增添情趣,让人更多的洞悉外面的世界。忧伤时,有朋友同担,伤痛会减掉几分;欢乐时,有朋友同享,欢乐会更加浓郁。友情是人生中一笔无价的财富。请珍惜你身边的朋友!

# 向朋友倾诉有助减压

只有对于朋友,你才可以尽情倾诉你的忧愁与欢乐,恐惧与希望,猜疑与烦恼。

——《论朋友》

随着现代社会生活节奏的加快,人们经常会遭遇诸如事业受挫、工作困难、人际关系紧张等情况,形成沉重的心理压力,如果不能及时地排解,长时间压抑在心里,会对身心造成不利的后果。

正如心理学家所说:"适当地向别人诉说心事,可以减小自己的生活压力,使自己长时间地保持健康的心态。"面对诸多情绪,学会适当地释放压力,对于提高生活质量、工作效率有着至关重要的作用。当你感到压力的时候,不妨找个值得信赖的朋友,把心中的话都讲出来吧,她也许会给你一个主意或建议。即使她所能做的只是默默倾听,那么你说出来就会是一种解脱,一种释放,从而使你变得轻松。

琳琳是一家中学的教师,最近心情很烦闷。因为她自己辛勤工作了一年,出色地完成了各项教学工作,本以为在年度考核中能够被评为优秀,结果却事与愿违,于是,一连几天,琳琳都处于一种难以名状的消极和失落情绪中,无法自拔。

周末的时候,她找她最好的朋友小雪一起吃饭,倾诉她这些天来的烦恼。小雪的一句话点醒了她:"你再仔细想想,得到'优秀'的其他老师都是多年的老教师吧?也许你自认为应该得到的'优秀',在大家的眼里是一种奢望吧?"

事实确实如此。但学校里的其他同事,有着共同的利益冲突,谁又能直言不讳呢?即使相告了,琳琳就能相信吗?

人们都愿意把自己心中的苦闷、忧虑、悲伤以至愤懑告诉知心朋友,甚至包括夫妻之间发生的不愉快和烦恼,也愿意向知心朋友诉说。确实,有些体验,连最亲近的人,也不能为你做些什么,但你可以向朋友倾诉。而且,朋友恰恰是解决这些令人头痛问题的能手,在这方面他们很像一些心理医生,不仅会帮助你摆脱不良情绪的困扰,而且能帮你卸下精神包袱。

我们通过与朋友分享快乐与忧伤,获得情感支持,减少孤独等负面情绪,降低消极情感,提高幸福感。遇到困难时朋友之间互相鼓励、支持和帮助,能让我们充分感受到需要与被需要、支持与被支持的积极情感,能够增强我们的自我满足感和生活满足感。

白居易晚年仕途坎坷,在洛阳当闲官,空有一身抱负,却无地施展。白居易因此产生了很严重的消极情绪,整日无所事事。他写了一首诗给他的好朋友刘禹锡,诗中充满了消极思想及无为情绪。刘禹锡和白居易一样,也经历了被一再贬谪的痛苦,但他本人却非常积极,虽然伤病缠身,兼济天下的宏愿大志却没有泯灭。看到朋友如此消沉,便立即和诗一首,回赠白居易,诗中充满了对老朋友的鼓励和鞭策。刘禹锡昂扬奋发、不甘消沉的精神之于白居易低落消极的情绪，不啻为一剂良药。

此后，白居易便开始振作起来。当刘禹锡去世的时候，白居易写诗哭刘禹锡说："杯酒英雄君与操，文章微婉我知丘。贤豪虽殁精灵在，应共微之地下游。"他对老友的去世深感极度伤心，担心自己以后到了"夜台"会不会见到老朋友，可见刘禹锡对白居易的影响之大。

朋友的支持与鼓励是最珍贵的，当你遇到挫折时，他们往往可以帮你分担一部分心理压力，他们的信任也恰是你的"强心剂"。心绪纷乱的时候，倾诉的过程就像用一张细细的筛子，将琐琐碎碎滤净，于是我们的心变得透明清澈。学会倾诉，给心灵减压，你会得到意想不到的收获与快乐！

当局者迷，旁观者清。朋友既能站在你的立场上去体会你不平衡的心理，也能站在旁观者的角度去公正地看待事件本身。既然是好朋友，他不会缄默不言，或和你一起分析失败原因，或一语点醒梦中的你，或鼓励你再接再厉，总而言之，朋友会和你共患难。两杯咖啡亦或一壶浓茶，真诚的眼神，暖暖的话语，告别的时候，你会惊喜地发现，你已经不再郁闷，心中的不快乐，早已烟消云散。

每个人都有几个可以无话不说的知己。高兴时，朋友间毫不吝啬地互相分享彼此的快乐，于是，快乐翻倍，每个人都变得更快乐；不快乐时，也不要保留，要向朋友倾诉，朋友可以真心实意地分担你的不快乐，于是，你的不快乐就会变得少了很多。

# 善于听取他人的反对意见

要善于接受并且寻求对你有益的忠告和建议，不要把那些"好管闲事"的热心人拒之门外。

——《论权位》

一个人的智慧是有限的，一个人对事物的认识也会受到局限性的影响。古人云："智者千虑，必有一失"，"当局者迷，旁观者清"。一个人再深思熟虑，都难免有疏漏和不到之处。我们自己对发生在自己身上的事情并不一定很清楚，但旁边的人却看得很明白。

然而有些人总是盲目自信，一听到反对意见，轻则脸红脖子粗，怒目相向，重则拍案而起，反唇相讥，甚至拳脚相加。人最容易犯的错误，就是过于相信自我，听不进别人的意见。

刚愎自用、妄自尊大、听不进别人意见的人，会阻碍了自己进一步的发展。只有不断地从他人的见解中吸取合理的有益的成分，来弥补自己的不足，才能减少失误，取得成绩。所以，善于倾听别人的意见是每一个有志成功的人必须具备的品格。

鹰王和鹰后发现了一片茂密的森林，他们非常高兴，打算在这里定居下来。他们挑选了一棵枝繁叶茂的枫树，在最上面的一根树枝上开始筑巢，准备夏天在这儿孵育后代。

附近的一只鼹鼠听到这个消息后，大着胆子向鹰王提出警告："这棵枫树一点都不安全，你瞧！它的根几乎全腐烂了，随时都

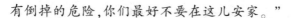

有倒掉的危险,你们最好不要在这儿安家。"

鹰王根本听不进鼹鼠的劝告,冲着它大喊:"哈哈,真是怪事!你是什么东西,竟然胆敢来干涉我的事情?我们老鹰难道还需要你小小的鼹鼠提醒吗?你们整天躲在洞里,怎么能有我们老鹰这样锐利的眼睛呢?"

鹰王和鹰后马上就开始忙活起来,当天就把全家搬了进去。过了不久,窝里就多出了几只可爱的小家伙。

一天早晨,一阵大风吹来,那棵枫树摇晃了几下,轰然倒掉了,外出打猎的鹰王带着丰盛的早餐飞回家来,发现它的鹰后和儿女们都已经摔死了。

鹰王悲痛不已,它放声大哭道:"我多么愚蠢啊!我把最好的忠告当成了耳边风,所以命运就对我给予这样严厉的惩罚,我从来没有想到,一只鼹鼠的警告竟会是这样准确,真是怪事!"

谦恭的鼹鼠答道:"轻视别人的忠告是不明智的,你如果能仔细想一想就会明白,我本来就在地底下打洞,和树根十分接近,树根是好是坏,有谁比我知道得更清楚呢?"

不要总认为自己高高在上,无所不能,更不能目空一切,听不进去别人的忠告。即使你有纵览全局的雄才大略,相对来说别人只能做一些微不足道的小事,但尺有所短,寸有所长,一个人再有能力,也有失策的时候,虚心听取别人的意见,永远不会错。

勇于承认错误,主动接受批评;不断追求进步;多听取他人的意见和建议,接受"良师"的指点;事后认真反省,努力改变自己……只有这样,才能培养自省的态度和勇气,才能在不断的反思中重新认识自己,从而寻求进步和奋发向上的动力。

美国前总统罗斯福是一个非常有智慧的人,当他去打猎的时候,他会请教一位猎人,而不是去请教身边的政治家。当然,当他讨论政治问题的时候,他也绝不会去和猎人商议。

有一次他外出打猎，和他一起的是一个牧场工头。他看见前面来了一群野鸭，便追过去，举起枪来准备射击。但这时那个工头早已看见不远的地方还躲着一头狮子，忙举手示意罗斯福不要动，罗斯福眼看野鸭快要到手，于是对他的示意没有理睬。结果，狮子听到枪声后跳了出来，跑到别处去了。等到罗斯福瞧见，再赶紧把他的枪口移向狮子时，已经来不及开枪，只好眼睁睁地看着它逃跑了。牧场工头瞪着眼睛，向他大发脾气，骂他是个傻瓜、冒失鬼，最后还说："当我举手示意的时候，就是叫你不要动，你连这点规矩也不懂吗？"

　　面对牧场工头的责骂，罗斯福竟然"逆来顺受"，并且以后也毫不怀疑地处处对他服从，好像小学生对待老师一般。他深知，在打猎问题上，对方确实高他一筹，因此，对方的指教于他确是有益处的。

　　古语说得好："兼听则明，偏听则暗。"听取别人意见，请教别人，不能在乎对方的身份地位，要对事不对人，只要是好的意见，我们都要虚心接受。如果唐太宗没有听取魏徵的谏言，对自己进行批评，怎么可能出现"贞观之治"的景象；如果达·芬奇没有听取老师的批评和建议，怎么可能成为世界著名画家……所以，我们也要注意听取他人的意见，这样才能使自己永立不败之地。

　　当然，听取别人的意见并不代表不相信自己，相信自己是成功的前提，听取别人的意见也是走向成功必不可少的条件。一个人如果能经常听取别人的意见，会使自己增长很多的见识，让自己少走很多的弯路，从而赢得更多的时间去追求完美，更好地走向成功。

　　"三个臭皮匠，顶个诸葛亮"。我们遇事要多与他人商量，要善于听取他人的意见，既不能一味地盲从，不加选择地听取别人的意见,也不是人云亦云,而是择其善者而从之。做到这些,你才能和他人更好地合作,而不会因为一意孤行使自己的发展受到限制。

## 善良是金

善,这是人类的一切精神和道德品格中最伟大的一种。

——《论善》

人世间最宝贵品德就是善良。法国作家雨果说:"善良是历史中稀有的珍珠,善良的人几乎优于伟大的人。"

自古以来,"善"字始终受到世人的推崇:待人处事,强调心存善良、向善之美;与人交往,讲究与人为善、乐善好施;对己要求,主张独善其身、善心常驻。善意产生善行,同善良的人接触,往往会使智慧得到开启,情操变得高尚,灵魂变得纯洁,胸怀更加宽阔。

一位小和尚外出办事,在返回途中,突然雷声隆隆,下起了大雨,看样子一时不会停止。小和尚心急四望,忽然发现不远处有一座庄园,便立刻飞跑过去避避风雨。

因天已是傍晚,此处离寺庙还有很长一段路,小和尚就打算请求庄园的主人借宿一晚。

守门的仆人见是个小和尚敲门,问明来意,冷冷地说:"我家老爷向来和僧道无缘，你最好另作打算吧！"

"雨这么大，附近又没有其他的小店人家，还是请您给个方便。"小和尚恳求。

"我不能擅自作主，等我进去问问老爷的意思。"仆人入内请示，一会儿出来，仍然不肯答应，小和尚只好请求在屋檐下暂歇一晚，结果，仆人依旧摇头拒绝。

小和尚无奈，便向仆人问明了庄园主人名号，然后冒着大雨，全身湿透奔回了寺庙。

几年后，庄园老爷纳了个小妾，宠爱有加。小妾想到庙里上香祈福，老爷便陪着一起出门。到了庙里，老爷忽然看见自己的名字被写在一块显眼的长生禄位牌上，心中纳闷，找到一个正在打扫的小和尚，向他打听这是怎么回事。

小和尚笑了笑说："这是我们住持三年前写的，有天他淋着大雨回来，说有位施主和他没有善缘，所以为他写了一块长生禄位。住持天天诵经，回向功德给他，希望能和那位施主解冤结、添些善缘，至于详情，我们也都不是很清楚……"

庄园老爷听了这番话，当下了然，心中既惭愧又不安。后来，他便成了这座寺庙虔诚供养的功德主，香火终年不绝。

拥有善心的人，才会有豁达的心胸，真诚地与人相处，善待家人、朋友和他人。和这样心地善良的人交往，如春风荡漾人们的心田。有爱心的人，能够得到生活的回报，真真切切地感受生活的美好。

善良之人经常造福于他人，实质上也是造福于自己。"帮助别人，就是帮助自己。"这句话绝不只是简单的因果报应，而是做人的根本。让善良与生命同在，对于人来讲是莫大的福分。

在第二次世界大战中的一天，欧洲盟军最高统帅艾森豪威尔在法国的某地乘车返回总部，参加紧急军事会议。那一天大雪纷

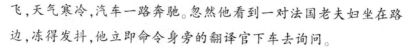

飞,天气寒冷,汽车一路奔驰。忽然他看到一对法国老夫妇坐在路边,冻得发抖,他立即命令身旁的翻译官下车去询问。

一位参谋急忙提醒他说:"我们必须按时赶到总部开会,这种事情还是交给当地的警方处理吧。"可是艾森豪威尔坚持说:"如果等到警方赶来,这对老夫妇可能早就冻死了!"经过询问他们才知道,这对老夫妇是去巴黎投奔儿子,但是汽车却在中途抛锚了,这里前不着村后不着店,因此不知如何是好。艾森豪威尔听后立即请他们上车,并且特地将老夫妇送到巴黎,然后才赶回总部。

艾森豪威尔根本没有想过行善图报,然而,他的善良却得到了意想不到的回报。原来,那天德国纳粹的阻击士兵早已预先埋伏在他们的必经之路上,只等他的车一到就立刻实施暗杀行动。如果不是为帮助那对老夫妇而改变了行车路线,他恐怕很难躲过这场劫难。假如艾森豪威尔遭到伏击身亡,那整个第二次世界大战的历史很可能因此而改写了。

世人有时会认为善良的人很傻、很笨,其实善良是人性中最崇高的美德,行善积德的人,令人敬佩。一个人有了善良的心,才能完善自己的人生。一个人不会因为自己的善心善行而损失什么,相反他还会因为他的积德而得到福报。因为善良是生命的黄金,善良所带来的美丽,发自内心,溢于言表,并且持久高贵。

所谓相由心生。《巴黎圣母院》中的卡西莫多是世界文学史上的一个最著名的丑人,但在读者和观众看来,他实在要比那位卫队长和神父美丽得多。读者和观众之所以会有这样的审美感受,显然是因为他的奋不顾身的善良。

莎士比亚说过,外在的相貌其实是内心世界的一面镜子。善良使人美丽,拥有一颗善良的心,远胜过任何服饰、珠宝和妆扮。美好的品行能帮你塑造美好的外貌,慢慢地令你周身透出可亲、动人和美丽的光芒,充满迷人的魅力。

播种善良,才能收获希望。一个人可以没有让旁人惊羡的姿态,也可以忍受"缺金少银"的日子,但离开了善良,却足以让人生搁浅和褪色。

# 防备别人利用你的善心

不要受有些人的假面具和私欲的欺弄,而变得太轻信和软心肠。轻信和软心肠常常诱使老实人上当。

——《论善》

人之初,性本善。善良是人的一种宝贵品质,善良让人如沐春风,善良使人与人之间充满温暖和关怀,但世间除了善良之外,还有各种丑恶和欺骗。善良与善良相遇,会更加美好,善良与丑恶相逢,结果却往往是伤痕累累。

善良是脆弱的,所以,人们要小心呵护自己的善良。"害人之心不可有,防人之心不可无。"做人不能有害人的心思,但是也不能觉得每个人都是可信赖的,万丈深渊也有底,可是一个人的心思却是无法猜测的。正所谓人心隔肚皮,我们不要轻易被别人的伪装欺骗,让善心蒙尘。

许多年之前,人们在亚马逊河两岸砍伐树木时,发现一种十分奇怪的现象,在电锯的轰鸣声中,所有的动物都逃离了,唯有一种叫做树虎的动物没有走。据记载,树虎是非常怕人的。工人们深感奇怪,不明白这些树虎为什么不走。他们找来动物学家桑普,桑普的话让工人们吃惊，他说一定有一只树虎被树胶粘在了树上，所以其他的树虎才不走。

大家仔细搜寻，果然发现树干上有一只树虎。原来，一千只树虎里，总会有一只被树胶粘住，从此再不能动。让人感动的是，一动不动的树虎仍然能在世上活很多年，因为周围的树虎都会来轮番喂它。伐木工人听后被深深感动，他们将整棵树移到森林的深处，于是，所有的树虎也都跟着迁移了。

但后来，树虎还是在世上灭绝了。因为它的毛皮非常昂贵，于是就有人先将一只树虎用胶粘在树上，其他树虎便相继跟来，寻食喂养这只不能动的树虎。善良使它们纷纷落入猎人的圈套，被贪婪者一网打尽。

现在社会中，有好多骗子在行骗过程中大都扮演"可怜者"的角色，他们抓住人们善良的心理，花言巧语展开诈骗攻势，博取人们的同情心。有些热心人就因为没有戒备，出于善心帮忙反而受骗。

在没有知道别人具体的身份，不知道别人目的动机时，不要随意结交、轻信和帮助别人，坏人永远不会因为你的爱心而感动。我们应该不要吝惜给好人的帮助，但要小心被坏人利用自己的善心。

一天，李明在地铁附近遇到一名陌生男子，该男子自称叫谢力，来自广东，他说自己迷路了，恳请李明带他到某医院。当热心的李明把他送到医院，要转身离开时，谢力忽然上前拉住他开始哭诉，说他带着老父亲从广东长途跋涉来到北京看病，因为高额的医疗费用，手里的钱很快就用光了，所以他想把手里的外币兑换成人民币，求李明帮他这个忙，说着就拿出了厚厚的一沓外币。

李明正在犹豫不决时，一名穿着某银行制服的男子来到他们面前，说他是某银行的客户经理，并神秘地说兑换外币的事他可以帮忙，还说外面人多不好点钱，建议到别的地方去，并叫李明当担保人跟他们去，后来他们选择在医院一条僻静的走廊里"交易"。

在"交易"过程中，自称是银行职员的男子称在银行柜台一次只能取3万多元，但是谢力的外币总额是5万元，男子说没有那么多现金，不想兑换了，谢力马上带着哭腔恳求李明帮忙兑换1万元。善良的李明想到他父亲急需用钱，便没多考虑去银行取了1万元交给了谢力。回到医院后，两名男子找了个借口迅速离开。等了许久的李明突然明白，原来两个男子演了一场"双簧戏"，编造了一个悲情剧蒙蔽了他的双眼。

做人一定要分清善恶，只能把援助之手伸向善良的人。不要忘记农夫和蛇的故事，对那些恶人即使仁至义尽，他们的本性也是不会改变的。好心未必有好报，甚至反受其害。

有些自欺欺人者说吃亏是福，退一步海阔天空，忍让退让；更有些人说，你对别人好，别人也会对你好，这些不分青红皂白的言论迷惑了一大批人。

我们必须以坚定的姿态来捍卫自己的善良，让人觉得自己善良但不是软弱可欺。那些喜欢向别人挑战的人，也不是针对一切人都施以强硬。强硬的人自不用说，那些神态严肃者，他们也不敢挑战。他们只对准了"软柿子"，而且他们要先看一看这些人是不是软弱可欺。

善良和宽恕是仁慈的体现，但是仁慈不是用来供任意挥霍的无尽资源。对好人、对需要关爱的弱者当然要善待、要仁慈，但是，对于丑恶绝不能忍气吞声，对人绝不能让其为所欲为，绝不能以为自己退让就能换得它们的良心发现。

# 我们在做好事时，不要先毁了自己

我们在做好事时，不要先毁了自己。神说：要像别人爱你那样爱别人——"去卖掉你所有的财产，赠给穷人，把财富积存在天上，然后跟我来。"除非你真的决定跟神走，否则还是不要把一切都卖掉。不然，就等于拿微泉去灌注大河，微泉很快就干涸，而大河却未必增加多少。所以人心固然应该善良，而行善却不能仅凭感情，还要靠理智的指引。

——《论善》

一个人做好事并不难，难的是一辈子做好事。如果每件好事都难度极高，需要竭力而为或是倾囊而出，就难以坚持，不仅是意志方面的问题，而且精力与财力也难以维系。

有些人为了收养流浪小动物，在付出极大爱心和热情的同时，却没有考虑到自己的承受能力，虽然付出了常人无法理解的代价，结果却常常落到倾家荡产的地步。

有媒体就报道过这样的一位女士，她为了救助那些可怜的猫狗，用光了家里的几十万存款，甚至包括丈夫去世时的抚恤金，最后实在没钱，只好把房子卖掉了。为此，她得不到儿子的理解，儿子去贵州打工一年多，从来都不和她联系。她年岁已高的老母亲，她也没有能力去照顾。多年来，因为周围的居民受不了猫狗的叫声和散发浓重的气味与她争吵，她不得不多次搬迁，远离市区，独自居住，承受着众人无法体会的压力。如今她没有钱、没有亲情，只是有她眼里最漂亮最善良的"孩子们"。

公益事业跟商业活动一样，也需要周密的计划和完善的组织，否则多半会不了了之。饲养大量宠物需要空间，需要粮食，需要药物，需要设备，需要工作人员……其实是一笔庞大的开销，作为个人是很难维持的。

然而太多人固守着自己的理想，不愿看清眼前的现实世界。他们大多忌讳提钱，常会拒绝一些宠物用品商的有尝赞助。他们认为公益就是无私奉献，因此他们吃不饱穿不暖。但是饿肚子的公益事业是发展不起来的，饿肚子的志愿者也是壮大不起来的。公益事业需要资金，需要计划，需要组织，需要制度，需要管理，需要团结一切可以团结的人。

著名作家刘墉在一次采访中说："帮助人的同时，我们也要保护自己。"他说在美国有一些州，甚至不准许民众在街上停下来接那些拦车的人。如果在荒郊野外，你看到一个单独的孩子在拦车，而且他看起来还有点受伤，你刚停下来，正在招呼他，这边枪已经顶过来。所以说，虽然人要有同情心，但大家一定要有防范意识，注意保护自己。

他还举了一个例子：有一年，我去上山扫墓，看到一个孩子受伤，是从山上骑脚踏车冲撞到石头，骨头断了。后来抱着他去医院，一进医院门，医院的人就喊了，你是好心人，你麻烦了，小心他怪你。我当时回了一句话，我说怪我就怪我，要赔吗？我赔。我觉得每个人都要活得壮丽，今天你被坑了，要赔多少，你能够承担得了，你在经济上的能力能够承担得了，你的心情能够承担得了，那么你就去做。我们不做傻子，但我们不能见死不救。你非要去救他，自己一定贴上你自己的命，贴上你一家人，贴上别人要救你们的那些人，那么你很可能是笨的举措，你今天要找别人来救，而不是不会水的人跳下水去救，这个是死板的，是鲁莽的善，良知的善

重要,思想之后有计划的善最重要。

做好事不能空有一腔热情,要三思而后行。一个腿部有缺陷的人在公交车上时也不一定要给老人让座,因为他自己在这一方面也需要照顾;如果对电子设备不是很熟悉,就不要帮别人修坏掉的电器,修成废品还只是经济损失,如果修成定时炸弹那是害人;见到有人溺水,如果你本人就是一只晕水的旱鸭子,那绝对不要扑通一声跳下去救,那样做的结果是导致后来者要救两个人,你应该做的是一边寻找工具救援一边寻求别人的帮助。

行善是一种美好的品德,给别人带来无私的帮助,我们并不是不推崇做好事,碰到老人摔倒,我们每个公民都应该去扶起老人,但在扶之前应该也要学会保护自己。比如请旁边一个人来作证,或者用随身带的手机拍下当时的照片,打电话通知其家人及120等,然后再去扶起老人,这样即使以后出现不愉快的事情,也有证据来为自己证明。在做慈善或公益时,不要只凭一己之力,要知道世界上需要帮助的人很多,一个人的力量是远远不够的。

我们在同情别人的同时还应该保持一份应有的理智,要考虑自身的经济、家庭状况,考虑自身的能力和承受力,先对自己的亲人负责,再去对别人负责,量力而行,学会做一个明智的好人。

## 不必抱怨,你拥有的已经足够多

上帝绝不把财富、荣誉和才能平均分配给每一个人。

——《论善》

人类的欲望就是个无底洞,好像无论什么时候都不能将它装满,而且随着社会的发展,这个洞仿佛越来越深。人们只看到了生活中缺憾与不完美的一面,当现实与理想有差距时,当事情背离自己的价值观时,抱怨便应运而生。工作、家庭、学习、交通都是人们抱怨的对象。习惯抱怨的人,就是在向自己的鞋子里倒水。

想要让自己不抱怨,成为一个快乐的人,那就要明白,一切都不会像想象的那样完美和顺利,接受不完美你才有勇气面对现实。

上帝不会特别青睐某一个人,没有人的一生都是康庄大道,也不可能永远一帆风顺,同时,上帝也不会特别辜负某一个人,所以,没有人会在播种后两手空空而回,也不会在洒下汗水后一无所获。

有一个老人家整天愁眉苦脸,一邻居问其原因,只听老人家抱怨道:"我有两个女儿,大女儿卖雨伞,小女儿卖鞋,天晴的时候大女儿生意不好,下雨的时候小女儿的生意不好,无论天晴天雨,我总要想到有一个女儿生意不好就会伤心流泪。"那个邻居开解道:"那您应该感到开心啊,天晴的时候小女儿生意好,下雨天的时候大女儿生意好,无论天晴天雨,总有一个女儿生意好。"于是,那个老人家天天都笑呵呵的,开心不已。

塞翁失马,焉知非福。任何事情都可以从多个角度来审视,为什么偏偏选择对自己最不利的那个角度,干嘛要跟自己过不去呢?看看眼下这些在"抱怨之路"上争先恐后的人们,究竟大家有没有仔细想过:你们的种种抱怨,非但改变不了目前的状况,反而会让一切变得更糟!

曾经有人将生活比作一面镜子,如果你对它哭,那么它也会对你哭;如果你对它笑,那么它也会对你笑;如果你对它抱怨,那么它也会对你抱怨；如果你恼羞成怒地将它摔碎，那么它也会折射出无数张怒气冲冲的脸给你。

正所谓"三十年河东，三十年河西"，虽然生活中没有人可以一帆风顺，但是抱怨却绝对有本事加重这些不幸。一个人付出多少努力，就会收获多少果实，所以，在一味地抱怨生活不公平之前，我们有必要先仔细琢磨一下，自己究竟付出了多少汗水？世上从来没有免费的午餐，更不会有不明不白的成功。

美国前国务卿赖斯是黑人的骄傲，她从小就立志成为一名杰出的政治家。然而，在当时种族歧视十分严重的美国，赖斯的理想听上去更像是一个遥不可及的梦。黑人不能与白人同乘一辆汽车；黑人不能与白人共读一所学校；黑人不能进入白宫参观……种种不公平待遇让年幼的赖斯十分苦恼。后来，父亲告诉赖斯："作为一个黑人，要想改变自己的生存状况，最佳办法就是取得非凡的成就。如果你使出双倍的劲头，就能赶上白人的一半；如果你能付出四倍的艰辛，就可以跟白人并驾齐驱；如果你愿意付出八倍的努力，就一定能超越白人。"

父亲的话点醒了赖斯，她开始数十年如一日地刻苦学习、勤奋工作，她真的付出了相当于白人"八倍的努力"，也真的取得了他们无法企及的成就。她除了英语外还精通俄语、法语、西班牙语；一般人在26岁可能连研究生还没读完，而她已经是斯坦福大学最年轻的教授了；大多数人并不会弹钢琴，可她却获得了美国青少年钢琴大赛第一名……此外，赖斯还学习了网球、花样滑冰、芭蕾舞等多种技能。在赖斯心中一直有一个标准，那就是：白人能够做到的自己要做到，白人做不到的自己也要做到。

果然是天道酬勤，当年"八倍的努力"换来了今天"八倍的成就"，赖斯终于实现了自己的理想，成为国际政坛上一颗耀眼的明星。

生活给予我们挫折的同时，也赐予我们坚强，我们也就有了另一种阅历。对于热爱生活的人，看你有没有一颗知足的心，酸甜苦辣不是生活的追求，但它一定是生活的全部，试着用一颗知足的心来体会，你会发现不一样的人生，拥有一颗知足的心，就没有了埋怨、嫉妒、愤愤不平。

　　知足者常乐。知道满足，就总是快乐的，而快乐的根本便是惜福，珍惜拥有的一切，心里手里全是满满的，便腾不出手或心来攫取更奢侈的东西了，也就不会为得不到而抱怨。我们应该庆幸，只要身体是健康的，那么生活就是幸福的。如果健康出一点问题，同样应该庆幸，因为毕竟我还活着，这便是上天赐予我最大的恩惠，使我还能有机会感受生命的美，有这么多为我祝福的朋友和亲人，有这么多的人关心着我爱着我。

　　没有必要感叹别人的富裕，嫉妒别人的权势，因为我们的生命中也有很多让别人羡慕的精彩。抛开那些无休止的欲望，它只会令人徒增烦恼。知道自己幸福的人是最幸福的，以为自己不幸的人是最不幸的，我们应该懂得自己生命中的精彩和美好。

## 不能变年轻，就优雅地老去

　　有些老人很可爱，他们因为作风优雅而美。拉丁谚语说："晚秋的秋色是最美好的。"尽管有的年轻人拥有美貌，却因缺乏良好的修养而不配得到赞美。

　　　　　　　　　　　　　　　　　　　　　　——《论美》

岁月无情,昨日,还是青春年少,今日,皱纹已爬满眼角。很多人都会对自己的不再年轻而恐慌,尤其是女人,总不愿他人提及年龄,不愿承认自己青春已逝。其实,青春是一种美,岁月中沉淀出的优雅成熟更美。

林语堂语:"优雅地老去,也不失为一种美感。"老去,是自然规律,不可抗拒,岁月不会因为人们的留恋而停滞,光阴也不会因为人们的意愿而倒转。既然我们无法对抗岁月的无情,那么,何不以一种优雅的姿态,从容地面对老去!

英国作家萧伯纳曾说:"只有年少时拥有年轻是件可惜的事。"在青春年少的时光里,有激情洋溢的活力,却少了淡定从容的雅致。年轻时辛勤的付出,艰苦的磨练,唯有在垂垂老矣之时,才能收获付出的成果。随着年岁的增长,日子过得更充实,且更懂得享受生活乐趣。当下的每一天,就是最好的时光。

姣好的面容、迷人的身材可以是父母遗传、上天所赐,但优雅是需要修炼的。优雅是一种修养、知识、经历的体现,通过不断积累、日益强化,渐渐地成为你生命里的一部分,成为你灵魂里最闪亮的东西。

要变身优雅,首先要多学习、多历练,要增强个人技能,无论何时何地,都可以凭借自己的一技之长立足于社会,做一个有益于社会的公民,而不是家庭与社会的负担。

其次,优雅的人要热爱生活,拥有恬静淡泊的心境,举止得体,待人处事恰到好处,懂得感恩生活,知道怎样去回报他人与社会,知道怎样去实现自己的人生价值与理想。

塔莎,出生在美国,父亲是飞机设计师,母亲是画家。她继承了父亲丰富的想象力和母亲绘画的天赋,从小就开始绘画。不幸的是9岁的时候父母离婚,开始了双亲朋友家的寄养生活。

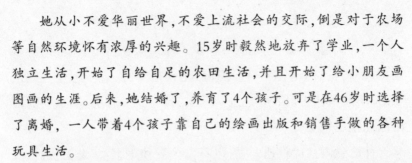

她从小不爱华丽世界,不爱上流社会的交际,倒是对于农场等自然环境怀有浓厚的兴趣。15岁时毅然地放弃了学业,一个人独立生活,开始了自给自足的农田生活,并且开始了给小朋友画图画的生涯。后来,她结婚了,养育了4个孩子。可是在46岁时选择了离婚,一人带着4个孩子靠自己的绘画出版和销售手做的各种玩具生活。

56岁时孩子已长大,她在山里买了30万平的土地,远离城市的繁华,在美国佛蒙特山丘的乡居城堡里,愉快宁静地生活在自己营造的大自然中,园艺工作是她生活的一切。

在一个追求无尽物质欲望的商品社会里,在一切寻求快速的生活节奏里,她朴素而节俭,缓慢而耐心地生活,一切自给自足。绘图为生,编织毛衣,纺织棉布,裁剪19世纪的碎花长裙;赤脚在田间栽种蔬菜、挖掘土豆,用园中的苹果自榨果汁;挤羊奶,养鸡;制作蜡烛,用老式的灶台做饭,出版朴素的菜谱。在春花秋叶间漫步,倾听鸟鸣,独自沉思。

她在80岁时成为生活大师偶像。92岁时,击败众多年轻女性,成为日本杂志投票选出最受憧憬的女性人物第一名。

塔莎说:老了,不一定要成为家人的负担,只要懂得创造生活乐趣,老,不再是件让人畏惧的事。反之,你有充足的时间可以浪费在更多美好的事物上。你会想,原来,生活可以这么过。仅只是活着,就值得感谢了,不是吗?

优雅是在后天的生活中提取的精华。优雅需要气质,需要历练,需要岁月的沉淀,更需要那份风淡云轻、闲云野鹤的成熟心态,是从容宁静地穿行在一段段的岁月时光中,赏析着自己的开花和结果,它源自于内心对生活的满足与喜悦,也是对自我的欣赏和肯定。

古人曾说:"发愤忘食,乐以忘忧,不知老之将至。"不知老之将至，这是怎样一种心静若水、笑看人生的心胸！闲看庭前花开花落，远望天边云卷云舒，从纷扰的尘世中寻找从容不迫的淡定，坦然面对自然岁月，怡然自得地享受生活，享受每个阶段不同的精彩，不同的收获。

生活需要沉淀，生命需要淡定，更需要灵魂的云淡风轻。面对衰老，经过岁月的洗礼，优雅可以让我们活得平和。任光阴荏苒，任青丝染成白发，以一份从容的淡定，品味每个季节的独特芳香，平静地直面逝去的时光。以一份淡然的心态，看云卷云舒，看花开花落，把那份美丽融化在生命中，跨越生死优雅地老去。

# 将内在美与外在美统一起来

美貌犹如盛夏的水果，很容易腐烂而难以保持。世上很多拥有美貌的人，因为放荡的青春，到了晚年被悔恨折磨。因此，把美的形貌与美的德行结合起来吧。只有这样，美才会放射出真正的光辉。

——《论美》

爱美本是人之天性，美好的事物，总能激起人的赏析之情。一朵鲜艳的花儿，一片美丽的风景，一个漂亮的身影，总是会不由自主地吸引着人们的目光。外在美是造物主赐予人类的亮丽风景，美人总是引得英雄尽折腰。

可是美有时会带来灾难，"红颜祸水"这个词语，让所有闭月羞花、沉鱼落雁的容貌在历史兴衰、王朝更迭面前承担了丑陋的罪名,抹杀了那些红颜所有的艳丽色彩。

外在的美貌是极易受到侵害的。岁月如刀,在我们人约黄昏的时候,我们更多的是无奈地翻着影集寻找曾经的美丽。娇美的容颜终究逃脱不了短暂易逝,逃脱不了伤感的结局。

聪明的人不会让那些外在的亮丽遮掩住自身内在的魅力。因为,最美的自己永远是由内而发的,除去那些外表的修饰,你拥有的是一颗更加丰富的心。培根曾经说过这样一句话:"把美的形象与美的德行结合起来吧! 只有这样,美才会放射出真正的光辉。"

中国古代的四大美女中,貂蝉有闭月之容,杨贵妃有羞花之貌,西施有沉鱼之颜,然而最美的当属王昭君,因为她不仅拥有有落雁之美,还兼有一颗悲悯之心。

传说王昭君在去匈奴和亲的途中,因太思念家乡便唱起歌来,天上的大雁听见了如此美妙的歌声,便都低头看去,见是一位貌美如花的女子,大雁竟忘记挥动翅膀,便掉落在地,这就是所谓的落雁之美!

王昭君的美丽不仅仅是外在的,出塞后,给匈奴人民带去了种子与文字,并教他们如何耕种,如何使用农作道具,如何看书写字。美丽的昭君在匈奴百姓的眼里简直就像仙女下凡,她的善良和美丽得到了更多匈奴百姓的爱戴。

王昭君用她的美避免了两个民族的战争,她给人民带来了和平安宁的生活,用她一生的努力,使两个民族和好了六十多年。可以说,王昭君改变了整个匈奴,就如庞天舒的一句话所说:"这世间,只有女人的胸襟,可以融化战争的刀林箭丛与铮铮铁蹄。"那种宽广的胸襟,更是一种无言的美。

美好的心灵来自善良的内心,它让人们肃然起敬,它不光愉悦了自己,还能给别人带来欢乐。心灵美是一种素质,这种素质,可以从他对人生、对社会、对他人以及对自已的思想感情和态度中得到体现,往往能从这个人极其平常的一言一行中得到充分体现,让旁人看得清清楚楚。外在美往往迷惑的是人的眼睛,而内在美却可以深深打动人的内心。

一位年迈老人上了一辆公交车,站在一位年轻女人旁打量是否有空位。那花枝招展的女人不但不让座位,反而还露出厌恶的神色。这时,一位小伙子站起来,主动为老人让座,顿时全车的人都向这位小伙子投去赞许的目光。

内在美是善良,是爱心,是一种能包容天地的博大胸怀;内在美也是豁达、乐观和朝气;内在美还是勤劳、勇敢和坚韧不拔;内在美更是知识、才学和追求。每个人对内在美都会有不同的解释,我们也许无法做到完美,但我们会努力地去追求完美。

美如果只存在于人的心灵世界、内部世界,没有办法广泛和迅速地感染到人,形成影响,是称不上魅力的。美不是静止的存在,它存在于人和人的沟通交往中。内在美如果不能冲破心灵的藩篱,对外开放,在外在上有鲜活的表现,形成外在美,它就只有孤芳自赏了。我们要勇敢地展现自己,在开放的状态中展现美,美将使人与人之间的沟通变得更顺利愉快。

如果将美比喻成一棵树,那么内在美便是树根,外在美便是树叶、树枝。树不可无根,树也不可无叶无枝,内在美和外在美便因这种关系而相互依从。真正的美是兼具二者的美。

东西也好,人也罢,徒具其表,金玉其外,败絮其中,这样的美转瞬即逝。而如果只有内在美,则很难在第一时间被人所发现,需要较长的时间让人慢慢去品味,有时候往往在别人发现之前,就被埋没了。

内在美和外在美的结合才是最好的。外在美是基础,内在美是美的升华,它不会随着时间的流逝而烟消云散,是美的极致。内在美和外在美的统一才是永恒的美。

## 给孩子多少零花钱才合适

父母吝啬给孩子零花钱有害无益,那样会使孩子变卑劣、学会欺诈哄骗,甚至结交一些不三不四的朋友。

——《论父母与子嗣》

该不该给孩子零用钱,是许多父母很纠结的问题。一位家长说:"女儿上一年级了,小家伙开始有金钱意识,时常嚷着'同学都有零花钱,妈妈我也要'。这让我很矛盾,让女儿自由支配零花钱吧,怕她会乱花,买一堆乱七八糟的东西,还吃不干净的东西,不知赚钱辛苦;不给吧,又担心她会有心理落差。"

的确,这位家长的担忧不无道理,使用金钱不当给孩子带来的影响是不容忽视的。不过现代社会中,孩子们不可能生活在没有物质的真空中,孩子不会花钱是很难适应纷繁的社会生活的。孩子到了一定的年龄,零花钱成为一种客观的需要,需要去支付一些正当、合理的花费,所以适当地给孩子零花钱是必要的,但是家长要把握这个度。

一些父母在孩子花钱的问题上控制得过于严苛,使孩子没有一丝一毫的自由空间。这样,势必将孩子与周围正常的生活圈、交际圈隔离开来,使孩子感到孤独、压抑、苦闷。

还有些父母经济条件优越，十分溺爱孩子，孩子想买什么东西，父母一律应承，直至令孩子满意为止。这样不但让孩子变得花钱大手大脚，还会让他觉得自己一直都会有花不完的钱，从而慢慢产生很多与目前家庭条件不符的奢侈念头。

过分限制或毫无节制地让孩子花钱，这种做法往往导致孩子对金钱产生扭曲的认识，前者因为强烈的好奇心和渴求欲，在无法得到零花钱的情况下动歪脑筋；后者生活能力差，对钱没有概念，不懂珍惜，随意浪费。

小小零花钱蕴含着家庭教育的大问题，孩子零花钱要适度，既不能毫无节制，又要能满足他的基本需求。

当然，给孩子的零花钱，不得超过你家的负担能力。假使孩子提出异议，你可以诚恳地告诉他："我是希望能给你多一些零花钱的，但是我们的预算有限。"这是一种比较好的办法，要比试图去说服孩子他并不是需要更多的钱好得多。

从孩子小学一年级开始可以固定给他们一些零用钱，最好的方法是每星期的同一天，给孩子以同样数目的钱，这样可以使孩子做到心中有数。究竟该给孩子多少零用钱，家长可根据每个家庭的经济状况而定。这样，孩子就会懂得如何去规划自己的开支。

所给零花钱足够支付孩子合理的开支，要把孩子的花费和需要放在心上，以便决定给他多少零花钱。这个问题，需要夫妻双方配合默契。一个家庭必须有一个人主管钱，孩子的零花钱也应由这位主管来支付，这是防止孩子乘机多要钱的办法之一，作为家庭主管也应按时支付孩子的零花钱。

孩子最初花钱时出错，以及买东西时欠考虑都是预料中的事，应该允许他们出错。你让一个刚学会简单算术的孩子去买一斤盐，回家的时候才发现，找回的钱并不是应该有的那个数，你不必责怪他,只需说一句:"没关系,慢慢来。"孩子听了会觉得很内疚,在以后的买卖中,他一定会很注意。

适当的零花钱可以培养孩子正确的经济和金钱观念,从小具备理财能力,这种能力是孩子将来在生活上和事业上不可缺少的,愈早培养,效果愈佳。

石油大王洛克菲勒,是世界上第一个拥有10亿美元的大富翁,但其子女的零用钱却少得可怜,而且要求严格。他家账本扉页上印着孩子零用钱的规定:7~8岁每周30美分;11~12岁每周1美元;12岁以上每周3美元。零用钱每周发放一次,要求子女们事先作出预算并记清每一笔支出的用途,待下次领钱时交父亲检查。账目清楚,用途正当,下周增发5美分,反之减少。

洛克菲勒用这种办法,使孩子养成不乱花钱的习惯,学会精打细算、当家理财的本领,其后人成年后都成了经营的能手。

家长可以效仿洛克菲勒,为孩子树立理财观念,理财从管理零用钱开始。

家长切勿以为给零用钱是件小事,给钱不是关键,关键是给了之后告诉孩子该如何支配。父母教孩子合理的花钱,不仅仅表示简单地让孩子花钱,而是让孩子从小懂得金钱的价值、使用技巧、正当投资、节俭等正确的积累方式及金钱与人格的关系等,树立健全的经济意识,成为有着精明的经济头脑和管理能力的人。

# 孩子年幼时的可塑性很强

做父母的要从小就帮助孩子选定孩子未来要从事的职业和相关学业,因为孩子越小可塑性越强。

——《论父母与子嗣》

不管哪一个国家的小孩子,无论这个国家的语言多么复杂,他都会慢慢学得很好,这是因为,他从小就通过妈妈接触自己国家的语言。换而言之,如果这个孩子在别的国家出生,他就会熟悉当地国家的语言。这就说明,无论多复杂的事情,只要从小学习都会成功。

儿童时期是人的世界观、价值观发展的初期阶段,也是发展思维能力和形成认知方式的重要阶段。不同的教育内容和方式以及不同的环境对以上这些因素的发展和培养有重大的影响,因此这一阶段儿童的发展具有较大的可塑性。培养孩子,最重要的是从小做起,注意培养孩子内在的动力,让其从小养成好习惯。

在苏格兰有一个善良的农民,叫弗莱明。有一天他在地里干活时,突然听到哭喊声。他循声跑过去一看,见一小孩掉到粪池里,弗莱明把这小孩从死亡线上拉了回来。

第二天,一辆崭新的马车来到农夫家,车里走出一位绅士,他自我介绍说他是被救小孩的父亲。绅士说:"我要报答你,你给了我小孩新的生命。"农夫说:"这样的事,有善心的人都会做。因此,我不会接受你的报答。"

正在这时，一个小孩走了过来。绅士问："这是你的小孩？"农夫高兴地说："是呀。"绅士真诚地对农夫说："让我带走他，我会让他接受良好的教育。如果孩子像你一样善良，将来一定会成为令你骄傲的人。"

农夫答应了。几年后，他的儿子从圣玛利亚医学院毕业，后来发明了盘尼西林，并获得了1945年诺贝尔奖。农夫的儿子就是举世闻名的亚历山大·弗莱明。

如果我们将孩子比喻成一块可塑性很大的"泥"的话，那么有什么样的捏泥人，有什么样的捏泥手艺，孩子就将被"捏"成什么样子。塑造孩子的功劳，最重要的角色自然是父母。在教育孩子的各种因素中，除了学校、家庭环境极为重要外，成人的"行"和"为"影响极大，可不要小看了。一样的学校，一样的家庭情况（指经济水平），培养出来的却是性情、气质、悟性、兴趣、成就完全不同的孩子，就是因为塑造他们的"捏泥人"不同。

刘亦婷，成都外国语学校高三文科班的学生，05年高考前夕，一举成为四川乃至全国的新闻人物：她申请的9所美国名牌大学中，有4所向她发来录取通知书，她最终选择了世界顶尖级的哈佛大学。

对此事，那些望子成龙、望女成凤的家长们倍加关注，他们都特别想知道，刘亦婷的父母是怎么培养出这么优秀的孩子的。

刘亦婷的父母都是杂志的编辑。在一个热衷于早期教育的母亲和一个擅长家庭教育的父亲的关爱下长大，刘亦婷的心智得到充分发展。从小学起，几乎每一年她都要给家里拿回各学科竞赛和"三好学生"或"优秀班干部"的奖状。

事实上，父母对孩子的期望是很明确的，你想让孩子成为什么样的人，就应该从孩子出生开始，照此方向去培养他。

刘亦婷的母亲告诉记者，"亦婷不是'天才'，她今天取得的成绩是早期教育和后天努力的结果。我们对亦婷的培养和塑造是从她出生半月后开始的，那时我们就用种种办法刺激孩子的大脑发育，开发她的智力潜能。从小到大，不论是做事还是娱乐，我们都有意识地加进一些学习和能力训练的要求。平时把与孩子接触的每一分钟都有效地利用起来，从不放过。比如说，亦婷3岁时，我们就要求她扫地、倒垃圾、洗碗。在教她做这些家务事的过程中，培养她做事的条理性和责任感，在她成长过程中起了明显的作用"。

刘亦婷的父母在家庭教育上，首先考虑的是以后怎么让孩子在社会上立足，为此他们十分重视培养孩子的综合能力和健全人格，而不是简单地为她规划未来。

古人云："玉不琢，不成器；人不学，不知义。"孩子初到世上，本是"性本善"，但他是生活在特定的社会环境中，社会环境的复杂性，导致孩子成长过程教育的复杂性。随着年龄的增长，在社会环境因素的影响下，孩子的可塑性日趋显露。如：一棵树苗，幼时独树一枝，但生活在不同环境里，其成形就不一样了。小孩子亦如此。儿童良好的行为习惯是由成人有意识地培养成的，而习惯一旦形成，就不易更改。正因此，家长应该充分认识到良好行为习惯是幼儿教养的重要一环，让孩子从细小处做起，成长为一个独立、有自信、有责任感、乐于学习、善于与人相处的人。

# 提防只顾自身利益的人

极端自私者的本质就是,即便只为了烤熟自己的鸭蛋,也不惜点燃一座主人的房子。但这些人又往往会很受主人的信任,因为他们每天钻研的就是如何取悦主人和自己如何获利。

——《论为了私利的智慧》

为个人利益出卖他人或集体利益的人的特征是:自私,见利忘义,欲壑难填;为了自己利益,不顾他人或集体蒙受损失;人格低下且胆大妄为。

曾在电视《动物世界》节目里看到过这样一个情景:一只饥饿的正在觅食的苍鹰在天空来回盘旋,一只老鼠发现了苍鹰,警惕地抬起头,用后腿站立,发出一声刺耳的尖叫,其它老鼠听到这只地鼠的尖叫,纷纷钻进地洞藏起来,躲避了一场灾难。达尔文认为:一个巢穴中的生物都是有亲缘关系的,因此它们会为了整体利益不惜作出自我牺牲,以使家族能够继续繁衍生存下去。

危险来临时,动物尚有如此之举,甚至牺牲自己也在所不惜。相比之下,人类有时应该觉得羞愧。人似乎生来就比动物具有更强烈的自我保护的本能,在社会生活中,在利益当前,首先考虑是如何保护自己,争取自己的利益,如何左右逢源使自己免受伤害。如果需要以出卖别人来保全自己,那么有些人会毫不犹豫地选择出卖别人、出卖国家和集体利益。也许因为这是人类的劣根性,所以,人们对出卖这种行为虽然憎恨,却给予了一定的宽容,有人甚至认为完全可以理解。

哲学家叔本华说："不能向敌人说的话,也不能向朋友说。"很多人都有被人出卖的经验,这个人可能是你的朋友、亲人、同事、合伙人,一般说来,越是亲密的关系,出卖的情况越可能发生,就连耶稣也未能逃脱被门徒出卖的命运。

犹大被耶稣挑选为门徒,三年之中,尽管日夜跟随耶稣,聆听耶稣所讲的真理,领受耶稣的恩惠和慈爱,但他竟为了区区30块银钱出卖了耶稣,虽然最后因为悔恨而上吊自杀,但对被他出卖的耶稣来说,已经于事无补。

有些东西是不能出卖的,不仅金钱不能主宰,就是人自身想出卖也做不到,因为有些东西属于"非卖品"。可惜现实中,那些以出卖为手段获取利益的人不会去思考这些问题,他们想的只是如何以出卖谋得更多的利益。

常言说得好,害人之心不可有,防人之心不可无。要提防那些只顾个人利益而忽视集体利益的人,不要被其利用或伤害。除了谨慎选择朋友之外,还要注意谨言慎行。说者无意,听者有心,也许你不经意的话语,就会被别人拿来当做话柄或话题,一有机会,便会连你也出卖了。所以,还是离这种人远些的好。

## 自私的人往往是不幸的

那些无与伦比的自爱者,往往是不幸的。尽管他们把他们所处时代的一切当成自己的牺牲品,但其结果却是他们自己反而成了反复无常的命运的牺牲品。

——《论为了私利的智慧》

　　"私心"谁都会有，一个人如果私心过重就会变得自私自利。自私自利的人，一心只为个人利益打算，常常会牺牲他人的利益来满足自己的私欲，到头来只会害人又害己。

　　有一天，驴子和狗一同随主人外出。驴子表面机灵，实际上脑袋空空，不想事情。半路上，主人睡着了，驴子就趁机大啃青草，吃得非常惬意。

　　狗看见了，也感到腹中饥饿，就请求驴子趴下身子，好让它吃驴子背上面包篮里的食品。但驴子怕浪费了这大好时光，只顾埋头吃草，对狗的要求装聋作哑。

　　过了好一阵子，驴子才对狗说："朋友，我劝你还是等等看，待主人睡醒后会给你一份应得的饭，他不会睡得太久的。"

　　就在这时，一只饿极了的狼慢慢靠近，驴子害怕极了，马上叫狗来驱赶，这时候狗可是不愿动，还回敬它说："朋友，我劝你还是快逃吧，等主人醒了再跑回来。假如狼追上了你，我相信你会用主人新给你装的铁蹄踢倒它的。"

　　就在狗还在说这些风凉话的时候，狼已经把驴子咬死了。

　　与人方便，就是给自己方便。因为一个人在帮助别人的时候，别人对于你的帮助会永远记在心中。相反，你在别人需要帮助的时候却视而不见，到后来你有了危险，别人也会用同样的态度来对你。自私自利的人，到最后只会害人又害己。

　　自私人心中有一种根深蒂固的错误观念，潜意识中认为"我"才是最重要的，一切的想法、看法、作法，皆为满足自我；甚至表面为别人好，却隐藏着"都是为自己着想"的念头，只是不敢拆穿内在丑陋，不愿承认心底的自私。自私的人，常在利益的诱惑下，默认自己对他人作恶。

　　现在社会当中，很多人喜欢占别人便宜，欺骗别人。但是你可以骗别人一次两次，却骗不了第三次。当我们占人便宜、损人的时候，事实上是刀头舐蜜。就好像一把刀前面有一滴蜂蜜，你着急把这个蜂蜜吃到嘴里去，结果确实是尝到了甜头，但同时舌头也割了。所以世间人心无远虑，只顺着自己的欲望就去贪求，反而会害了自己。

只尝到了一点小甜头，却付出了这么大的代价，所以损人绝对不利己，而且损人会害自己很惨。不只会害自己，《周易》有曰"积不善之家，必有余殃"，我们可能做了很多损人的事情，不只殃及自己，还殃及后代子孙。宋代的奸臣秦桧，不只是他被世人所唾弃，他的子孙也因为他的恶行蒙羞了百年，始终抬不起头来。

关于自私，有一种错误的观点，认为"自私"与"自我"是同一概念。因此，某些人误把自私自利的行为当成是在追求自我个性，有的人甚至将追求自我个性作为自私自利行为的借口。其实，"自我"与"自私"是两个完全不同的概念，"自我"是对自身特性、价值的保护与实现，而"自私"是对个人贪欲的满足。可以适度追求自我，却不可以有自私自利的念头。

事实上，自私自利都源于人的欲望，因为贪婪所致。在物欲横流的今天，有许多人贪图享受，过分追求物质生活而不择手段，抢劫、偷盗、绑架勒索，无所不为，种种罪恶和丑陋现象层出不穷。贪婪能使人忘记和忽略一切，哪怕是人格、尊严乃至生命！

俄国学者萨克雷先生在《名利场》中这样形容自私自利的危害："在一切使人格堕落的不道德的行为之中，自私是最可恨的、最可耻的。"自私使人粗俗，使人卑鄙，使人缺乏同情心，使人充满物欲，使人道德低下。自私自利者，会为了一己之私，去损害他人或集体的利益。中国有句古话叫："纸里包不住火。"最后，狐狸尾巴终会被识破，自私者最终会身败名裂，被人们所鄙视，正是"以损人开始到害己告终"。

# 为官者，常误把别人的羡慕当作幸福

居高位者要确认自己快乐，需借助他人的看法，如果他们依着自己的所感来判断，他们则不会发现自己是幸福的。倘若借助别人的看法，当他们得知他人对自己何等羡慕时，便会以为自己确实很幸福。

——《论高位》

"万般皆下品，唯有读书高。"当官就会有地位，赢得他人尊敬，这些人视做官为荣耀，不但可以光耀门楣，光宗耀祖，还可以呼风唤雨，享受前呼后拥的成就感。多少年来，做官，走仕途，是所有社会精英做不完的梦。前仆后继，就算是陷阱，也争先恐后往里跳。

以荣誉为钓饵，既可以引导人们向善，也可以驱使人们作恶。我们可以看到，很多犯了错误沦入监狱的人，很多都是曾经名噪一时的什么"奖章获得者"、"先进工作者"，或者什么"经理"、"董事长"，甚至什么"县长"、"市长"，等等，都是一些说起来让人们羡慕的人物。可是，他们为何走进了铁窗，甚至赔上了身家性命？细细数来，大多数都是在荣誉面前栽了跟头。

虚荣心是人类最难克服的弱点之一，生活中，很多人都热衷于追求虚名，以为是花冠，不以为是桎梏。王安石的《寄吴冲卿》诗中有一句"虚名终自误"，令人警醒。人追求荣誉，这无可厚非，但应该分清是什么样的荣誉。是名实相副，还是盛名之下其实难副的名誉,后者不仅徒累自身,而且可能招致灾祸。

有一个成语叫"静水深流",简单的说来就是我们看到的水平面,常常给人以平静的感觉,可这水底下究竟是什么样子却没有人能够知道,或许是一片碧绿静水,也或许是一个暗流涌动的世界。无论怎样,其表面都不动声色,一片宁静。大海以此向我们揭示了"贵而不显,华而不炫"的道理,也就是说,一个人在面对荣华富贵功名利禄的时候,要表现得低调,不可炫耀和张扬。

一位友人到居里夫人家做客,见到她的女儿拿着英国皇家协会奖给她的一枚金质奖章。友人不禁问:"夫人,这样一枚象征着极高荣誉的奖章,怎么能给一个小孩子玩儿呢?"居里夫人笑着说:"我是让孩子从小知道荣誉就像玩具一样,只能玩玩而已,决不能永远守着他,否则一事无成。"

庄子说:"至乐无乐,至誉无誉。"最大的快乐就是没有快乐,最大的荣誉就是没有荣誉。在如今的社会中,能像居里夫人一样把荣誉看得如此风轻云淡的人实在是不多。在人性的丛林中,大多数人都渴望和追求荣誉、地位、面子,为拥有它而自豪、幸福;人不情愿受辱,为反抗屈辱甚至可以生命为代价。所以,现实人生便出现了各种各样争取荣誉的人,形形色色的反抗屈辱的勇者和斗士,也有为争宠、争荣不惜出卖灵魂、丧失人格的势利小人。

歌德曾经说过,人之所以幸福,是因为他的心灵感到幸福。思想家德西得乌·伊拉斯谟也说,一个人成为他自己了,那就是达到了幸福的顶点。只有当你成为你自己的时候你才能幸福,不要为了迎合他人的需要而为他人活着。大家可能期望你能做什么工作或者是某种确定的生活方式,但是不要被他们吓到,你要成为你自己。

为官者的荣耀都是大众给的,"水能载舟,亦能覆舟",做官就要清廉,就要为百姓谋福。无论站在哪个位置,肩负哪个责任,健康快乐的生活才是最重要的。我们在追求荣誉以及拥有荣誉的时候，都要对荣誉有一个清醒而正确的认识，唯有如此，我们才能做荣誉的主人，而不至沦落为它的奴隶，成为它的殉葬品。

# 拒绝受贿，保持廉洁之心

为避免腐败，不仅要约束自己或属下的手以拒绝受贿，而且要约束求情者的手不要行贿；内心的廉正固然能使人拒绝受贿，而对廉正的倡导以及对贿赂的明显厌恶则可以约束行贿。为官者不但要杜绝受贿，还要避免受贿的嫌疑。

——《论高位》

常言道："贪如火，不遏则燎原；欲如水，不遏则滔天。"人一旦贪欲之口一开，就很难在诱惑面前止步，最终必然会滑入泥潭难以自拔。为官者，两袖清风，廉洁清正是根本。而要守得住清廉，经得起诱惑，不做贪官，就必须要有足够的辨别是非和自我约束的能力。

某报纸上有文章认为，某些领导干部以"碍于情面"为自己违法犯罪开脱，说到底，还是欲望在作怪，或为了自己从中得到好处，或为了自己不得罪人，一心为公的人是不会"碍于情面的"。

东汉时期，荆州刺史杨震调任东莱太守。他从荆州赴东莱上任时，途中经过昌邑，昌邑县令王密热情地接待了他。原来王密也是荆州人，他当下想，如今杨震成了自己的顶头上司，以后还需要他提携。于是王密便在深夜带着黄金，悄悄地来到杨震住处，对杨震说："多亏大人当年的举荐，小人才得以任此县令。昌邑无特产，仅与十斤黄金赠送大人，聊表心意，请大人一定笑纳，以后还望大人多多关照！"

见到那么多金灿灿的黄金，杨震不仅不开心，反而面显怒色，很严厉地说："作为故友，我是十分了解你的，可你为什么不了解我呢？"王密小声地说："现在已是深夜，没有人会知道的，请大人放心！"

杨震哈哈大笑，用手推开房门，拍着王密的肩膀说："天知，地知，你知，我知，怎么能说没人知道呢？你还是赶紧把黄金拿走吧！"王密见讨好不成，只好带着黄金灰溜溜地回去了。

如今社会中，"因情面所困"而落马的官员为数不少，许多人称"因碍于情面，丢了原则，终于酿成大错"，有些人说"自己也很无奈，托他办事的人得罪不起"。不管是人情所累，还是"得罪不起"，都是个人私利作祟和欲望膨胀，不是"得罪不起"，而是根本不想去得罪。于是，为了个人私欲，不惜得罪民众，不惜损害公平正义，以身试法，攀附权贵、笼络党羽，美其名曰"人情关系"。

古人云："民如水，水能载舟，亦能覆舟。"如果官员都碍于情面，置国家法令于脑后，置社会公平正义于脚下，置人民的权益保障如鸿毛，那么，政为谁而执？官为谁而事？

为官者要想清正有为无是非，拒贿也算一门"必修课"，自古以来，拒绝贿赂的方法很多，有的棒打喝止，有的题文自勉，有的明牌警告，有的厚谢婉拒。古代廉吏的这些拒贿"妙术"，对于我们不无启发。

唐代著名诗人白居易，为官时通过自己的诗歌作品向社会公布个人收入与财产，清名永传于世。刚入仕途时，白居易担任校书郎，是个抄抄写写的工作，他在诗中说："幸逢太平代，天子好文儒，小才难大用，典校在秘书。俸钱万六千，月给亦有余，遂使少年心，日日常晏如。"不久，升官后工资翻了一番，作诗："月惭谏纸二千张，岁愧俸钱三十万。"接着，外派到苏州任刺史："十万户州尤觉贵，二千石禄敢言贫。"随后，白居易调回京城，为宾客分司，工资已是他刚入仕时的十倍："俸钱八九万，给受无虚月。"最后，为太子少傅时，工资最高，而且工作还相当清闲自在："月俸百千官二品，朝廷雇我做闲人。"到了晚年，他回到洛阳颐养天年，领到原来月薪百分之五十的养老金："寿及七十五，俸占五十千。"白居易就是用这样的方式，不让别人有行贿的机会，也不给自己留下受贿的空间。

清代张伯行在福建和江苏任巡抚、总督时，极力反对以馈赠之名行贿赂之实，并写过一篇禁止馈送的檄文："一丝一粒，我之名节；一厘一毫，民之脂膏。宽一分，民受赐不止一分；取一文，我为人不值一文。谁云交际之事，廉耻实伤；倘非不义之财，此物何来？"此文言简意赅，浩气凛然，表现了他对拒礼拒贿的深刻认识。这种严格自律，堂堂正气，使行贿送礼之辈望而却步。张伯行正是凭借着这种坚定的为官立场，成了"清廉刚直，政绩卓著"的楷模，从而彪炳史册。

我们从古人这些拒贿的不同方式中可以看出，拒贿关键是自己要树立"以廉为美，以贪为耻"的人生态度，才能做到"风吹云动星不动，水涨船高岸不移"，才能始终保持一颗廉洁奉公之心，干净做事，清白做人。

要廉洁清正，为官者必须知可得与不可得，明礼明度，知足常乐。俗语说"莫伸手，伸手必被捉"。如果贪得无厌，欲壑难填，就必然会不择手段、不顾后果地去攫取，结果不但葬送了自己的前途乃至性命，还会成为人民之害、国家之祸。

正如荀子所言："欲不可去，求可节。"也就是说，欲望不能去除,但对于欲望的追求是可以节制的。所以,为官者要处处严于律己,洁身自好,时刻谨记"勿以善小而不为,勿以恶小而为之"的箴言,拒绝诱惑。

# 为官,最忌耳根子软

对居高位者,耳根软,比受贿更糟糕;因为贿赂不过是偶尔的事,假如一个人总是被厚颜请求和情面打动,就会被别人牵着鼻子走。正如所罗门所言:"徇私情是不好的,因为这样的人会为一块面包枉法。"

——《论高位》

古人云:"用兵之害,犹豫最大;三军之灾,生于狐疑。"为官做领导者,最忌耳根软,听信谗言。有的下属或出于私欲,或出于某种不可告人的目的,对上级察言观色、溜须拍马、口蜜腹剑,或是热衷于说三道四、搬弄是非。为官者对外来的一切意见、反映以至"谗言",都要采取慎重的态度,不能轻易表示肯定或否定,否则,不但误人、害己,还坏事。

一年夏天,天气炎热,唐太宗退朝后走出大殿,信步来到御花园憩息纳凉。微风轻拂,心情愉悦,不知不觉来到一棵大树下。只见树干粗壮笔直,枝繁叶茂,树阴清凉。唐太宗站立树下,只觉心旷神怡,暑气顿消。徘徊良久,不肯离去。仰头观望,不觉脱口赞道:"这是一棵多么美好的大树啊!"

唐太宗话音刚落,跟随在唐太宗身边的殿中监宇文士及察言观色,也鹦鹉学舌地对这棵大树赞不绝口:"多么挺拔的大树呀,你伟岸的身躯就是陛下的英姿!多么宏阔的树冠呀,你遮天覆地,象征陛下的功业伟绩!多么清凉的浓荫呀,你就是陛下赐给臣民的恩惠和福泽!"

唐太宗听了,大好的兴致被他全搅坏了。于是当着众臣的面严厉斥责说:"魏徵常劝我注意提防疏远那些会溜须拍马的谄谀之臣,我当时还不知道是谁,心中怀疑是你,但不敢确定是你,你今天的表现,果然证实了我的猜测。"

宇文士及听了唐太宗的训斥,心中惊恐,连忙跪下叩头不止,此后再也不敢奉献阿谀之辞了。唐太宗疏远奸佞之人,警觉性是很高的。

溜须拍马者有一个共同特征,就是为了达到个人的某些目的而一味地去迎合、讨好上司,或者为了自己的升迁,或者为了扩大自己的势力,抑或为了"狐假虎威"以排除异己等,看似毕恭毕敬、唯命是从,其实却暗藏祸心、笑里藏刀、误导视听。这种行为使正气不能发扬,邪气泛滥成灾,工作难以开展,挫伤其他职员的积极性,以致给企业发展带来不利。

不可否认,喜欢被赞扬是人的天性,同时也是人性的弱点。阿谀奉承者恰好是看透了这一人性弱点,再加上某些"技术性处理",因而让一些领导者大为受用,也容易迷失心智,从而让这些钻营拍马者有了市场,甚至大行其道。

托马斯·沃森是IBM的创始人,他缔造了这个世纪最为成功、最令人艳美的企业之一,而他个人的魅力丝毫不亚于IBM本身。但他脾气暴躁,反复无常,他喜欢被人逢迎,并从这种阿谀奉承中获得自信。随着他越来越成功,他也变得愈来愈自负,他在晚年对赞美的渴求达到了不可理喻的地步。

沃森晚年的时候,身边聚集了一群阿谀奉承之徒,他的刚愎自用和冷酷无情使人们大多不敢对他讲真话。沃森本人对个人崇拜也颇有兴趣,对于下属为他创作的大量歌功颂德的文章很喜欢。而经营方面,沃森则日渐生疏,以致昏招迭出。好在这时长子小沃森已逐渐挑起大梁,才避免了公司走下坡路。

我们常说"恶语伤人",殊不知奉承话伤人更甚。奉承话来得自然,听得舒服,常常使人飘飘然、昏昏然,自我陶醉,忘乎所以;常常使人丧失警惕,解除武装,不知不觉当了俘虏;常常使人忠奸不分,良莠莫辨,干出蠢事,事后悔恨不已。

作为领导,自己要有主心骨,对人对事都应该有自己的看法和主见,切不能人云亦云,随波逐流。这样才不至于在谗言面前信以为真,乱了方寸,做出错误的判断。对于有些搬弄是非的话,如果听之任之,将会使人人心涣散,失去应有的凝聚力和战斗力。所以,对进谗言者一定要及时给予警告,不能使其有恃无恐。

老子说:"信言不美,美言不信。"孔夫子也教育他的弟子:"巧言令色,鲜仁矣。"一般人爱听奉承,尚无大碍,无非满足了一下虚荣心理,上点小当、吃点小亏而已,可为官从政、位高权重的大人物就不同了,稍有不慎,就会被谗言搅乱心绪,混淆视听,造成重大失误。

领导者要经得起奉承的考验,万万不可当奉承的俘虏,必须认清那些对自己非常不利的阿谀奉承现象,从心理上坚决地摒弃它们,让它们完全没有"用武之地"。这就要求领导者既要加强自身道德修养,又要提高洞察力,既睿智又理智,对阿谀奉承者做到心中有数,并远离他们。

# 专注就是效率

在事业上,达到敏捷的方法在乎专心治事而不在一次包揽许多事务。

——《论迅速》

爱迪生认为,高效工作的第一要素就是专注。他说:"能够将你的身体和心智的能量锲而不舍地运用在同一个问题上,而不感到厌倦的能力就是专注。对于大多数人来说,每天都要做许多事,而我只做一件事。如果一个人将他的时间和精力都用在一个方向、一个目标上,他就会成功。"

一个人的时间、精力毕竟是有限的,如果他不专心,做这件事的时候总是惦记着另外一件事,结果哪件事都做不好,只有当他全神贯注于某件事时,才会在这方面取得成绩。我们常常用"三天打鱼,两天晒网"来比喻那些不专心的人,无数事实证明不专心的人终将一无所成。

有一只兔子,天生就是"跳远"的好苗子。一天,森林里开运动会,兔子就报名参加"跳远"项目。果然,兔子击败了其它动物,赢得冠军。

后来,一只狗劝说兔子,说它天资、体力这么好,却只得到跳远一项金牌,实在很可惜,它只要好好努力练习,还可以得到更多金牌。

兔子听了顿时受宠若惊,在狗的怂恿之下,兔子开始了夺得多项冠军的努力。他白天练习跑百米、早晚练游泳,游累了,上岸练举重;隔天,跑完百米,赶快再练跳高,甚至练习撑杆跳,接着,又推铅球,跑马拉松……

第二届运动大会到来了,兔子报了很多项目,可是它跑百米、游泳、举重、跳高、推铅球、马拉松……没有一项入围,连以前最拿手的跳远也退步了,在初赛就被淘汰了。

古语说:"欲多则心散,心散则志哀,志哀则思不达。"人的精力毕竟有限,往往穷尽全力也难以掘得真金。世界上最大的浪费,就是把宝贵的精力无谓地分散在许多事情上。

一个人在进行工作时,应该专注于当前正在处理的事情。如果注意力分散,头脑不是在考虑当前的事情,而是想着其他事情的话,工作效率就会大打折扣。即使事情再多,我们也要一件一件地进行,做完一件事情就了结一件事情。全神贯注于正在做的事情,集中精力处理完毕后,再把注意力转向其他事情,着手进行下一项工作。

周阳在出版社从事校对工作,开始时,工作效率很低。因为工作环境比较宽松,所以她一会听听音乐,一会跟同事聊两句,一天下来也看不了几页稿子。后来,周阳觉得不能总是这样下去,便为自己定下了一条准则:工作时一定要全心投入,除非有特殊的紧急事件。她将所有的精力集中在一件事情上,即创造一个高效率的工作状态。换句话说,一坐到桌前,她就不再想别的事,哪怕手中的书稿校对到最后一页,她也绝不会去想下一部书稿的事。

没多久,周阳就发现,这条原则让她的工作效率提高了很多,而且不再感到校对是一件枯燥无味的工作。她甚至发现一个小时的专心工作,抵得上一整天懒散工作的成果。

当你集中精神专注于眼前的工作时,你将获益匪浅,你的工作压力会减轻,做事不再毛毛躁躁。由于对工作的专注,还能激发你更热爱公司,更热爱自己的工作,并从工作中体会到更多的乐趣。

我们知道,激光与普通光的区别,在于其高度的聚焦,攻其一点,能量巨大,作用特殊,而普通光光芒万丈,光线四射,能量分散,作用平常。一个人的精力不集中,就没有聚焦和穿透能力,精力广泛耗散,就不会有什么成就。而专注的力量在于它能使你把精力集中起来,聚焦于一点上,并以最快的速度找到解决问题的方法。可见,在处理一件事情的时候,我们要像光束高度聚焦,能量充分激发,焦点充分集中,这样不但有效率,而且创造力还可充分提高。

人们都希望自己的一生有所成就,而专心就是学有所成的必要条件。专心是职场成功的捷径,古今中外凡成大事者,没有一个人不具备专心这一特质。一项最新的研究发现,一个人的天赋并不是他成为伟大人物的重要条件。一个人的先天条件和家庭条件可能会影响到他向哪个行业发展,但并不能决定他能否取得成功。事业上成功的人的一个重要因素是专心于一件事,不旁骛,不半途而废,而是努力把它做好。

一个人如果心浮气躁、朝三暮四、好高骛远,对学业、工作、事业缺乏一种专注的精神,就不可能集中自己的时间、精力和智慧,干什么事情都只能是虎头蛇尾、半途而废。与此相反,一个专注的人,往往能够把自己的时间、精力和智慧凝聚到所要干的事情上,从而最大限度地发挥积极性、主动性和创造性,努力实现自己的目标。特别是在遇到诱惑、遭受挫折的时候,他们能够不为所动、勇往直前,直到最后成功。

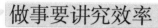

# 做事要讲究效率

做事情费时太多,就意味着买东西付出了高昂的代价。

——《论迅速》

在我们的生活和工作中,时间对于每个人都是极其重要的,但是它却往往被人们所忽视。时间对每个人都是公平的,但有些人却因为做事讲究效率,在相同的时间里比别人多做一倍、两倍的事情,做了时间的主人。

做事如果讲究效率,生命中的有限时间就会被我们无限利用。正如书上说的:光阴似箭,日月如梭。我们要在有限的生命里做到无限的事。我们永远跑不过时间,但是我们可以在自己拥有的时间里快跑几步,尽管这几步很小,但对我们的作用很大。

于路是一家企业的员工,进入公司的三年里,他始终勤勤恳恳地埋头苦干,可是却一直都没有得到升迁。事实上,表面看他是公认的敬业者楷模,可是在领导眼里,他做事拖沓,经常出现失误,业绩也总是不能令人满意。

工作中,效率才是第一位。有人以为只要保持忙碌就一定会有所收获,其实忙碌只是一种表面现象,和效率没有必然的联系。如今的社会竞争激烈,人们看重的是时间和效率,而不是吃苦耐劳的精神。我们不但要脚踏实地,更要提高速度,提高效率,只有自己跑得比别人更快,才能更好地生存和发展。做事情要讲究思路和方法,实干的双手只有和智慧的大脑结合起来,才能创造出更大的价值。

讲究效率的前提是要有正确的目标,目标对效率来说,至关重要,如果目标不对,做什么都没有用,做得再多,效率也是零。

古代有个人要去楚国,他带上很多的盘缠,雇了上好的车,套上骏马,请了驾车技术精湛的车夫,就上路了。楚国在南面,可这个人不问青红皂白让驾车人赶着马车一直向北走去。路上有人告诉他方向不对,几次阻止他,那人却满不在乎,不听别人的指点劝告,仗着自己的马快、钱多、车夫好等优越条件,朝着相反方向一意孤行。结果是条件越好,就会离要去的地方越远,因为他的大方向错了。

若目标对了,是不是就能高效率了呢,不尽然。如果不掌握正确的方法,伴以专注和坚持的精神,就不可能真正做到高效率。用一句通俗的话讲:做正确的事,正确的做事。

有些人做事情没有计划,随心所欲。想到哪儿,做到哪儿,导致办事效率低下。所以我们做任何事情之前都应该先问自己:"我要得到一个什么样的结果?"然后写下来,作为一个接下来要完成的任务。为了保证任务可以被长久的坚持,还可以把一个很大的任务分割成几个容易完成的小任务,并且给自己限定一个合理的时间,一切准备好之后,在旁边放一个计时器,给自己计时,接下来要做的就是在限定的时间内完成明确的任务。

提高效率,还应学会统筹安排。工作中不可能只有一两件事,可能会有多项工作,但都会有个轻重缓急,有不同的时间、标准等要求。这就像在厨房做饭一样,要将一切工作统筹安排好,在有限的时间里,提高工作效率。做事前,要明确思路,合理安排顺序,而后按部就班地做好每一项工作,最终的结果会完成得很漂亮,自己也会从工作中得到自身价值的体现,也会享受工作带来的快乐。

讲究效率要学克服惰性。许多人常常是不被逼到最后,不会塌下心来做事。心里也会一直惦记着,这样做其他事情也会心不在焉,到头来,什么都做不好,而且心情也不会好。所以说,只要来了任务,就要调动一切力量,集中全部精力,以今日事今日毕,丝毫不拖沓的良好习惯,按照事先预定的计划,抓紧工作的实施,有条不紊地完成应该做的事情。

讲究效率还要学会调整好不良的情绪,不能对什么事情都是得过且过,不求最好只求做到。长期对自己的行为放任,会导致完成实际事情的决心和欲望不够强烈。做事情不能没有主见,怕担责任,瞻前顾后,应该有勇于拍板的决心,一旦事情决心去做,就应该向着这个方向前进,而不应该畏首畏尾,这样只会动摇自己继续做下去的决心,而对事情本身则毫无帮助,甚至是阻碍事务发展的绊脚石。

有一个寓言故事:狮子妈妈教育小狮子:你只有跑得比最慢的羚羊速度快些,才不会被饿死。羚羊妈妈教育小羚羊:你只有跑得比狮子快些再快些,才不会被吃掉。这个故事告诉我们,不但要脚踏实地,更要提高速度,提高效率,只有自己跑的比别人更快,才能更好地生存和发展,才能为社会作出更多的贡献。

所以,我们与其做一个忙碌的人,不如做一个有效率的人。俗话说:"一寸光阴一寸金,寸金难买寸光阴。"生活中拖拖拉拉,思路混沌,你会感到疲惫不堪,时时感到处在被动挨打的局面,那样领导不满意、自己不满意,也不会得到赏识。我们只有珍惜时间,并且善于利用时间,才能提高效率,做时间的主人。

# 一次搞定,绝不浪费返工成本

有些人一心只想要显露自己能在短时期内做许多事;或者把未办完的事设法掩饰成了结的样子,以图外表上显出他们是敏捷的人。然而以紧密的手段缩短作事的时间为一事,以省略的手段缩短时间为又一事。类此,以数次会议办理的事务常是往返多次,无固定的处理之方。

——《论迅速》

"第一次就把事情做对"是著名管理学家克劳士比"零缺陷"理论的精髓之一。第一次就做对是最便宜的经营之道!在工作中,每个人都有自己的职责,每个人都必须不折不扣地把自己的职责承担起来,把事情做到最好,这样才不影响其他人的工作,才不会对大局产生不利的影响。

一家生产皮鞋的企业,返工现象非常严重,返工产生巨大的浪费,直接影响工厂的效益,甚至威胁企业生存。顾问老师在调研时发现,鞋面生产车间返工率平均高达80%,而制鞋、包装车间做做停停,有时白天停工待料,夜晚拼命赶货,员工疲惫不堪,但计件工资又没多拿,人员流失严重。

经过调查得知,这些生产工人绝大多数从不调试机器,有些即使已经工作多年,但从未接受过维护和保养机器的知识培训与指导,即使工作中感觉机器有问题,也根本不知道该怎么调机,只能勉强缝合产品,为了赶产量,一般也不顾缝纫品质,反正后边有人负责返工和维修。

事实上，工人们只要在开始生产前针对产品、皮料、线材及缝合位置等特点，稍稍调一下机器、针位，就能避免大量断线、崩线或其它不合格导致返工的情况发生。即使生产工人不懂调试机器，只要车间主管、班组长等懂调试的人员举手之劳就能解决。

在很多人的工作经历中，也许都发生过工作越忙越乱的现象，解决了旧问题，又产生了新故障，在一团忙乱中造成了新的工作错误，结果轻则自己不得不手忙脚乱地改错，浪费大量的时间和精力，重则返工检讨，给公司造成经济损失或形象损失。

由此可见，第一次没把事情做对，忙着改错，改错中又很容易忙出新的错误，恶性循环的死结越缠越紧。这些错误往往不仅让自己忙，还会放大到让很多人跟着你忙，造成巨大的人力和物资损失。所以，盲目的工作毫无价值，必须终止，再忙，也要在必要的时候停下来思考一下，用脑子使巧劲解决问题，而不是盲目地拼体力交差。第一次就把事情做好，把该做的工作做到位，这正是解决"忙症"的要诀。

"差不多"已经成为人类各项事业的敌人。很多员工在工作中不认真、不主动，应付了事，什么事都不追求最好的结果，工作做得差不多就行了，因此做事经常不到位，一旦出错又不得不重新做，既浪费时间和精力，还影响他人工作。

一次，海尔公司副总裁在分厂检查工作时，在一台冰箱的抽屉里发现了一根头发。她立即召开相关人员会议，有的人私下议论说一根头发不会影响冰箱质量，拿掉就是了，何必小题大作呢？副总裁却斩钉截铁地告诉在场的干部、职工，"抓质量就是要连一根头发丝也不放过！"

又有一次，一名洗衣机车间的职工在进行"日清"时，发现多了一颗螺丝钉。职工们意识到，这里多了一颗螺丝钉，就有可能哪一台洗衣机少安了一颗，这关系到产品质量和企业信誉。为此，车间职工下班后主动留下，复检当天生产的1000多台洗衣机，用了两个多小时，终于查出原因——发货时多放了一颗螺丝钉。

对质量的追求几近偏执狂的做法，怎能使产品不优质可靠？如果公司上下每个人，包括管理者和员工同样都抱着对质量一丝不苟的态度，又怎能不使产品好上加好，赢得顾客的广泛信任和喜爱，使企业走向辉煌呢？

众所周知，在战场上根本不允许有任何失误，即便是0.1%的失误，也可能成为敌人向你攻击的突破口，还可能是致你和团队于死命的一个缺口。建筑时小小的误差，可以使整幢建筑物倒塌；不经意抛在地上的烟头，可以使整幢房屋甚至整个村庄化为灰烬。

工作上也是如此，比如会计工作，你必须保证正确填写了各种账薄和票据，任何一个都不允许有一点差错，不能80%合格，99%都不行，必须做到100%，这才叫做对做到位。所以，我们做任何工作，都要认真负责，对自己要求严格，尽我所能，做到尽善尽美。

中国的一句古话："行百里者，半九十。"意思是说行百里路，走了九十里，也只算是走了一半。对于任何一件工作，要么干脆别动手，要么就有始有终、彻底完成。我们最需要的是，第一次就把事情做到位。

# 简洁就是力量

说话重复也是浪费时间。但反复宣讲一件事的要点，使人易于理解，反而可以提高效率。

——《论迅速》

莎士比亚说过："简洁是智慧的灵魂，冗长是肤浅的藻饰。"有时候，语言贵精不贵多，抛开转弯抹角与旁生枝节，抓住要表达的东西的精髓，巧作对比，寥寥数语便可以达到一语中的、一招致胜的效果。

1936年10月，在上海各界公祭鲁迅先生大会上，著名新闻记者、政治家、出版家邹韬奋先生发表了这样的一句话演讲：

"今天天色不早，我愿用一句话来纪念先生：许多人是不战而屈，鲁迅先生是战而不屈。"

只一句话，既谴责了当时政治战线、思想战线、文化战线上"不战而屈"的投降派，又赞颂了鲁迅先生"横眉冷对千夫指"、勇敢战斗、决不屈服的可贵品格。"不战而屈"和"战而不屈"，相同四字的不同组合，成为衡量一个人是否具备硬骨头精神的试金石。这一句话激发了人们奋起抗争的勇气，鼓舞了人们要以鲁迅先生为榜样，挺身而出，战斗不止。邹韬奋先生的这一句话演讲，被当时的人们誉为最具特色的演讲。

常言道："话多不如话少，话少不如话好。"据史书上记载，子禽问自己的老师墨子："老师，一个人说多了话有没有好处？"墨子回答说:"话说多了有什么好处呢?比如池塘里的青蛙整天地叫,弄得口干舌燥,却从来没有人注意它。但是雄鸡,只在天亮时叫两三声,大家听到鸡啼知道天就要亮了,于是都注意它。说话不在多少,而在于说的话要有用啊!"

本来只需五分钟就能讲完的话,有些人却高谈阔论,滔滔不绝,致使他的谈话令人生厌。由此可见,在与对方交谈时,如若只是一味说话,不注重对方的感受,那样只会让人心生厌烦。

一个礼拜天,马克·吐温到教堂去,适逢一位慈善家正讲述非洲人的苦难生活。当慈善家讲了五分钟后,他马上决定对这件有意义的事情捐助五十美元;当慈善家讲了十分钟后,他就决定将捐款减至二十五美元了;当慈善家继续滔滔不绝讲了半小时之后,马克·吐温又决定减到五美元;慈善家又讲了一个小时后,向大家请求捐助,并从马克·吐温面前走过时,马克·吐温却反而从他那里偷走了两美元钱。

高谈阔论之人,往往并不能将语言精辟地表达出来,反而啰嗦加重复,让人听之无趣,而且很多时候并不能直接点到事情的重点。因此,把事情想清楚,并且一语中的地讲出,那样才方显智慧。当年喜剧大师卓别林获得奥斯卡特别荣誉奖时,就曾用一句"此刻,语言是多么多余,多么无力"的致辞征服了观众。

话不是说的越多越精彩就越有用,越能把观点说的明确,越具有说服力,一般越长的辩解越会把关键点埋没,从而分散众人的注意力,让自己的言语像一盘散沙,不足取信于人。而简洁的语言往往更有效果,也更受人欢迎,同时,更能体现出一个人的睿智。

一次,马克思的妻子燕妮向一位著名的德国历史学家请教,问他可不可以把从古至今的历史缩写成一本简明的小册子。教授笑着答道:"不必,其实只需用四句谚语,就能概括古今的历史:

一、当上帝要某人灭亡的时候,往往先让其有炙人的权势。二、时间就是一个巨大的筛子,最终会淘去一切历史的沉渣。三、蜜蜂盗花,但结果反而使那些花开得更盛,妩媚迷人。四、暗透了便望得见星光。"

一位著名律师曾说过:在一场官司的辩论过程中,如果第七点议题是关键所在,我宁愿让对方在前六点占上风,而我在最后的第七点获胜,这一点正是我经常打赢官司的主要原因。在他的一场著名官司中,对方律师整整花了两个小时来总结此案,律师本来可以针对他所提出的论点加以驳斥,但他并未那样做,而是将论点集中到了关键点上,总共花了不到一分钟的时间。最后,律师用简短的几句话便赢得了这场官司。

很多时候,与人交流并不在于你滔滔不绝,说了多少话,而是要看你的话是否有理有据,是否有说服力。如果能够把话讲通透,那么必定能一针见血,使人心服口服。尤其是在劝说他人的时候,一定要将话语的中心意思表达明确,这样才能让他人信服。

为此,要想做到真正的有理有据,那么就要在表达事情的过程中,能够做到言简意赅。这样当我们在与人沟通时,才能通过真切实意的表达和论述,让人打心底里信服。

正如老子所说:"天下难事,必做于易。"最会说话的人,是语言简洁明了的人。语言的精髓,在精而不在多。口才最差的人,往往可能就是那些喋喋不休的人,说了一大堆,也没有说出主旨,反而还认为自己很棒。事实上,要真正地将自己的话说得高效,就必须让自己的语言简练,要能在最短的时间内让对方明白你所说的意思。

## 平等是友谊的前提

君王是不能享受友谊的，因为友谊的基本条件是平等，而君王与臣民的地位却是悬殊的。

——《论友谊》

英国的格尔斯密先生有句话："所谓朋友，是平等的人们之间离开了利益关系的交易。"平等是获得友谊的最基本条件，只有平等，才会互相尊重，这样，友谊才能建立起来并长久保持下去。

心理学研究表明：人都有友爱和被人尊敬的需要。在与朋友相处中，平等待人是建立良好关系的前提。没有平等待人的观念，就不能与周围的人友好相处。

有些人对朋友存在着某种意义的控制或依赖，深深影响着与朋友的关系。如果你摆出控制者或依赖者的架势，你就不可能体会到友谊的真正含义，你也不是一位真正的朋友。

交朋友切忌自高自大，盛气凌人。朋友之间要平等，这是最起码的原则。如果以己之长，量人之短，或有贵贱之分，或利用朋友为己之便，这就不平等了。不平等的朋友交往是不公平的，是"畸形"的友谊，这种所谓的友谊于双方都无益。

也许你与朋友过往甚密，无话不谈，也许你的才学、相貌、家庭、前途等等令人羡慕，高出朋友一头，这些有利的条件可能会使你不分场合，尤其是与朋友在一起时，更是无所顾忌，锋芒毕露，毫无节制地表现自己。言谈中往往会流露出一种明显的优越感，这会令人感到你是在居高临下地对人讲话，有意炫耀抬高自己，

使别人的自尊心受到伤害,不由得产生敬而远之的想法。

所以,在与朋友交往时,要控制情绪,保持理智,态度谦逊,虚怀若谷,把自己放在与人平等的地位上,切莫盛气凌人、指手画脚,总对朋友说,"你应该"、"你不应该"、"你最好"、"你必须",这种做法会使朋友感到很不愉快,有压抑感,会给友谊的发展埋下不祥的种子。

对朋友过分的依赖也会损害双方的关系,朋友并非父母,他们没有责任来指导和保护你,他们可以给你支持,但不可能包办代替,你必须清楚,这只不过是朋友的范畴而已。你自己不能作决定,缺乏主见,就会使你受到朋友正确或错误的意见影响。

当对朋友有所求时,必须事先告知,采取商量的口吻说话,尽量在朋友无事或情愿的前提下提出要求。当你有事需要求朋友帮助时,如果事先不作通知,临时登门索求,或不顾朋友是否情愿,强行拉他与你同去参加某项活动,这都会使朋友感到左右为难。或许他表面上乐意而为,但心中却有几分不快,认为你太霸道,不讲理。依赖朋友,会逐渐使你丧失积极生活的能力。因此,你应该学会逐渐建立自信心,摆脱对朋友的依赖。

平等是友谊产生和发展的基础,双方平等往来,友谊的种子才能萌发,友谊失去平等,就等于大厦失去地基,岌岌可危,没有了平等,友情就会慢慢变质。

比如一群刚毕业的年轻人围坐在一起,畅叙友情、谈笑风生、频频举杯,可以开心地讲过去的故事,亦可以争个面红耳赤,然后一笑释然。

然而,过了几年,大家惊异地发现酒桌上的气氛发生了变化,没有了推心置腹的交谈,没有了频频举杯的场面,没有了面红耳赤的争论,对过去故事的怀念和讲述中也有了些讥讽的含义。那些所谓"混得好"的同学态度傲慢,盛气凌人,一边侃侃而谈,一边听着别人的奉承,等着别人敬酒、续茶……昔日温馨的同学情谊没有了踪影。

友谊是朋友间平等的关系,但平等不等同于完全对等。有些人在和朋友相处时,对彼此的关系上苛求平衡,处处要求对等,这显然是一种不明智的想法。

好多人都这样认为,"我不给他打电话,这次该他给我打了"或"我刚请她吃过饭,现在她该请我了"。这些人把友谊当做等价交换的商品,所以他们常会感到被不周到的朋友怠慢、遗忘和忽略。实际上,人们不应当完全按照自已的要求和标准去判断别人,我们要经常主动联系朋友,好朋友之间不应该斤斤计较。

朋友之间常常不分彼此,但如果过于散漫,忘乎所以,或指手画脚,或海阔天空,或肆意打断朋友的话语,讥讽嘲弄,或听朋友说话时左顾右盼,心不在焉……时间长了,朋友会觉得你有失体面,没有修养,对你产生一种厌恶轻蔑之感,就会改变对你原来的印象。所以,在朋友面前应保持自然而不失自重,保持热情而不失礼仪,做到有分寸,有节制,互相尊重,才能赢得长久的友谊。

## 小心成为别人意见的牺牲品

在听取别人意见的时候,问问这个人,问问那个人,这虽然比不问任何人好,但这样做也有弊端。这样打听来的意见,可能是一些不负责任的话,因为最好的意见来自诚实而公正的朋友。此外,这些意见也许本身就自相矛盾,让你莫衷一是,不知所从。

——《论友谊》

有一个老人和一个小孩，用一头驴驮着货物去赶集。在回家的路上，孩子骑在驴上，老人跟着驴子走，路人见了，指指点点说："这孩子不懂事，让老年人走路，自己享受。"孩子忙下来，让老人骑上，旁人又说："这老人怎么忍心，自己骑驴，让孩子走路。"老人听了，又把孩子抱上来，两人一同骑，走了一段路，又有人说他们残酷，会把小毛驴累死。两人只好下来走路，可是还有人笑话他们："有驴不骑，真是大傻瓜！"最后他们实在没办法，只好扛着驴子走回家。经过一座危桥时，毛驴因为实在不舒服，就挣扎起来，结果掉到河里淹死了。父子俩后悔莫及，干嘛听信别人说三道四呢？

听取和尊重别人的意见固然重要，但无论何时千万不要人云亦云，做别人意见的傀儡，否则你不但会在左右摇摆不知所往中身心疲惫，失去许多可贵的机会，有时还会失去自己。

史蒂夫·乔布斯有一段著名的话，一直被人们所津津乐道：你的时间有限，所以不要为别人而活，不要被教条所限，不要活在别人的观念里，不要让别人的意见左右自己内心的声音。最重要的是，勇敢的去追随自己的心灵和直觉，只有自己的心灵和直觉才知道你自己的真实想法，其他一切都是次要的。

日常生活工作学习中，我们无论做什么事，无论做得怎样好，总会有人挑刺，总会有人找毛病提意见。看问题方法不同，方式不同，角度不同，观点不同，动机不同，目的不同，得出的结论自然不同。

庐山横看是岭，侧看成峰，远视这般，近观那样，俯瞰渺小，仰望巍峨；太阳有黑子，月亮有圆缺，都是一个道理。不同的事情有不同的解决办法，一把钥匙开一把锁，对解决问题来说，世界上不存在"万能钥匙"。如果我们自己没有主见，那就会无所适从，别人

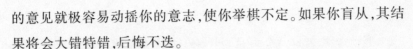

的意见就极容易动摇你的意志,使你举棋不定。如果你盲从,其结果将会大错特错,后悔不迭。

有一位年轻的画家,发誓要不断提高自己的水平,画出让所有人都能喜爱和赞叹的作品。为了能够了解到人们对他的画究竟有怎样的态度和看法,他把自己最满意的一幅作品拿到人来人往的市场上,并在旁边放上了一支笔,让人们把那些认为不足的地方给指点出来。很快的,就有许多人在那幅画上标出了自己的意见。等到了晚上回家之后,画家才发现在那幅画上所有的地方都已经密密麻麻地被标出了人们认为不足的记号。很显然,在人们看来,这幅画简直就是完全失败的作品。

这个结果使年轻画家的自信心受到了巨大的打击,情绪低落的他甚至怀疑自己是否还具有一点绘画才能。他的老师在知道了这个情况后,就告诉他千万不要在意这些批评,并要求他再把一幅相近的作品放到市场上,只不过这次是让人们把那些他们认为很好的地方给指点出来。于是,年轻的画家照着老师的要求去做了。可让他无论如何也想不到的是,当自己把放在市场上足足有一天时间的作品再拿回家的时候,竟然发现那幅画上所有的地方又都密密麻麻地被标上了人们认为很好的记号。

年轻的画家顿时豁然开朗,从此,他不再盲从任何人的赞美或是批评,开始潜心地埋头于自己的绘画创作,并终于取得了辉煌成就。

"君子和而不同",君子可以与他身边的人保持和谐融洽的关系,但却要有原则、有主见,对于他人的观点从来不人云亦云,盲目附和。

对待别人的意见,不能不听,不能全信,一切要经过自己的大脑,始终不要放弃自己的原则。我们每个人都必须清楚:自己做事不可能百分之百完美,不可能百分之百让人满意;别人意见不可能百分之百正确。所以我们遇事时需要有真知灼见，自己拿主意，认清事物本质，把握事物发展趋向，把事情处理得尽善尽美。

从古至今，每一位取得成功的人都对事物有自己独特的见解，遭人怀疑或反对时始终坚持自己的看法。物理学家伽利略发现了自由落体的原理，如果他只生活在亚里士多德权威的关怀下，他能成功吗？哥白尼如果没有主见，他的"日心说"能问世吗？科学方面如此，文学方面也不例外，莎士比亚、托尔斯泰正是有自己的独特经历、独特见解，才会创做出经典名著。在艺术方面，如果米开朗基罗、达·芬奇只是一味地去模仿别人的作品，又怎么能成为令后人景仰的大师？

正如但丁的一句名言：走自己的路，让别人说去吧！做人要有主见，太像别人就会失去自我。你就是你，你有自己的头脑，有自己的个性，有自己的环境，能够做出最后决定的，能够左右你的行为的，永远是你自己。永远不要在别人的意见中左右摇摆，犹豫不决，最后反而会牺牲了自己。我们应该用自己的头脑去判断事情，用自己的智慧和勤奋去创造自己美好的人生！

## 量入为出，合理消费

普通的消费当以一个人的收入为度，并且要管理得宜，不要使消费超出收入。

——《论消费》

量入为出是一个理财和消费的金科玉律。我们想要理性消费，首先就要做到量入为出，这也是我们消费的基本原则。如果一个人每年的花费超过了自己的实际收入，就是入不敷出，那将是一件非常令人痛苦的事情。

　　现代都市中，出现了越来越多的"月光族"、"城市新贫民"，一些年轻人崇尚"钱不是省下来的，而是赚出来的"理念，他们"花明天的钱，买今天的东西"，注重当下的生活质量。他们挣得少，花得多，没有存款，还经常借钱，有些人在工资还未到手前，就刷信用卡消费，因这种无节制的提前消费，跨入了"卡奴"的行列。他们的口号是：心无杂念地享受当下生活。

　　年轻人的这些行为，究其原因，是他们刚进入社会，接触到各种充满诱惑的环境，自己的一些意识也在逐渐受到影响，想要尝试的新鲜事物越来越多，每个都想据为己有。另外，在各种媒体的宣传下，奢华和高档的商品及其形象渐渐地成为一种象征人们身份或社会经济地位的符号。人们互相攀比，许多人为了向同事、朋友炫耀，甘愿省吃俭用，然后一掷几千几万块钱购买昂贵的奢侈品，即使"月月光"也在所不惜。

　　吴娟一向直言不讳自己对奢侈品的热爱，大学的时候就有过"打工赚包"的光辉经历，毕业后在一家外企工作，奢侈品真正成了她生活的一个重点。

　　吴娟说在职场里，奢侈品已经超脱了个人喜好，成了彰显身份和炫耀成功的道具。"女人都是虚荣的，我也很不幸地成为这虚荣大军中的一员，办公室里的'奢侈攀比风'差点让我变成名副其实的'负翁'。每当奢侈品牌出新款时，便是办公室烽烟四起的时候，谁能第一个背着新款来上班或者参加酒会什么的，谁就是办公室最'牛'的人。为了抢这个'第一'，我的信用卡屡屡刷爆。我一共有5张信用卡，每到月底还款时，其中辛酸也只有我自己知道。"

前苏联著名诗人马雅可夫斯基曾说过："流行的不一定好，比如说流行感冒。"消费应该根据自身的实际支付能力以及需求进行。大部分人买奢侈品，绝对是虚荣心作怪，觉得背着大牌的包包出去有面子，以为实现了自我价值。事实上，自我实现肯定不是拥有几件奢侈品就能够达到的，我们应该保持理性的消费心态，以一种更为健康和积极的精神状态实现自我成长。

当然，消费是有积极作用的，消费水平的不断提高是文明进步的表现。但是，鼓励消费并不等于否定勤俭节约。实际上，不管生活条件怎么改善，消费方式怎么变化，勤俭节约的传统还是不能丢的，任何时候消费都应该量力而行。

关于中国老太太和美国老太太的故事，大家肯定都耳熟能详：中国老太太攒了一辈子的钱，在终于买了一套好房子时候，来到了天堂；而同时来到天堂的美国老太太，虽然刚把买房子的钱还清，却一辈子都住着好房子。

在全球华人的观念中，消费习惯都是传统的，趋向于保守，因为量入为出的传统观念在我们心里根深蒂固。然而正是由于这种良好的消费观念，使他们在金融风暴中"躲过一劫"。

在房市大好的时候，美国的各种房贷公司甚至用"零首付"等诱人的促销手段来吸引人买房、炒房。但是，在这股非常火热的购房潮流中，华人还是延续了传统的保守消费习惯。他们依旧喜欢在手头有钱之后，再去买房置业，因此，他们一般申请的都是传统房贷，而不是选择银行的高利息、高风险的刺激房贷。

在全球都非常流行的信用卡消费上，华人也是如此。许多外国人都是喜欢"超前消费"、"潇洒地刷卡"，但是当月底账单寄来时，他们一般只还几十美元的最低限额，而大部分的华人则选择全额付清，这样做不仅仅是为了节省利息，更重要的还是因为传统心理上不喜欢拖欠债务。

当美国金融机构倒闭、金融动荡之时,许多按揭贷款的居民因为还不上贷款,以致被银行收回房屋和抵押物,而华人遭受的直接损失却相对较小。虽然美国大部分城市的住房指数都在下降,并不断地创下新低,但是华人社区的房价却保持了非常稳定的状态,甚至还出现微升情况。

"勤劳节俭,艰苦朴素"是我们的传统美德,虽说现在消费水平在不断地提高,但是在花钱方面,量入为出的观点还是不能丢弃的法宝。

如果将平时的收入比作是河流,财富是水库,花出去的钱就像是流出去的水,养成量入为出的良好习惯,水库里的水才会越来越多。因为最终决定财富的不是收入,而是支出。不论你现在多么有钱,如果任意无度地消费,终究都会变成一个穷光蛋的。

对于我们个人来说,重要的不是不花钱,而是有节制、有风险地控制花钱。在生活中,尤其是年轻人,一定要懂得原始积累的重要性,生活消费一定要量力而行,绝不能将自己的收入全部花光用光,甚至是"寅年吃卯粮"。我们的消费原则应该是:以自己的经济能力来决定消费,花钱的同时要考虑到自己的承受能力。

## 君子爱财,取之有道

不要为炫耀而追求财富,应该去追求可以正当获得、合理使用、愉快施舍且能心安理得留下去的财富。

——《论消费》

天下熙熙皆为利来，天下攘攘皆为利往，芸芸众生皆不能免俗。金钱不是万能的，但没有钱是万万不能的，物质是基础，没有钱会寸步难行，人们的日常生活、衣食住行哪一样也离不开钱。

君子爱财，也要取之有道，有的人对钱的渴盼达到了极致，认为拥有了钱就可以拥有一切。很多投机分子却总想歪门邪道，以身试法，钻法律空子，在短时间之内可能横财冲天，但最终的结果是法网恢恢，疏而不漏，难逃法律的制裁。

许松学生时代可谓是个风云人物，无论同学还是老师都对他赞誉有加。大学毕业后他在某公司工作，平时常听到身边的同事说买了什么车、房，心里渐渐有了落差，总是愤愤不平：凭什么他们能开好车、住豪宅，而我不能呢？虽说每个月的工资不低，可要买好车和豪宅还不知道要等到什么年月。他也想过要跳槽，凭自己的本事每月多赚些，心安理得地生活也是个不错的选择。可转念一想，自己现在手上管着公司那么多钱，为什么不先赚一笔呢？有了钱买了车、买了房再跳槽也不迟，罪恶的念头就这样产生了。

于是他就着手实施自己雄心勃勃的计划。他利用自己担任公司出纳的职务便利，将公司资金通过公司转账至其本人在银行的个人账户，然后再转至其股票账户，用于炒股。但股市有风险，几进几出，账户内的钱一下去了不少，为了防止被公司发现，他采用月初挪用资金，月底将钱还入公司的方法，将账做平，这样常常出现割肉的现象，股票亏得更多。面对股票日益亏损的局面，他采用挪用更多的资金，加大股本的方法，以期翻身，但结果不是套牢，就是亏掉。挪用的公司资金越来越多，漏洞越来越大，没过多久已挪用公司资金几百万元。走投无路的他猛然醒悟，向警方投案自首。

美好幸福的生活是靠脚踏实地的勤劳而获取的，那种投机取巧、牟取暴利、只图一时之快的做法,最终会使自己时时地活在心不安、理不得的"半夜生怕鬼敲门"的恶梦之中。

无论是君子也好,凡夫俗子也罢,取财之道都必定是遵纪守法、符合做人的原则和品行,任何存在侥幸冒险心理的行为必将付出沉重的代价,只有通过自己诚实劳动得到的钱财,才能获得心中的坦然。

战国时期,某一天,齐国国王派人给孟子送来了一个箱子。孟子打开箱子一看,里面竟然装的全是金子。孟子立刻叫住来人,坚持不收,并让他们抬走了这箱金子。

第二天,薛国国王又派人送来五十镒金,这回孟子欣然接受了。孟子的一个弟子把这一切都看在心里,觉得非常奇怪,忍不住问道:"为什么你昨天不接受齐国的金子,今天却接受薛国的金子呢?如果说你今天的做法是对的,那么你昨天的做法就是错的;如果今天的做法是错的,那么昨天的做法就是对的。可到底哪个是正确的呢?"

"我自然有我的道理。薛国周边曾经发生过战争,薛国国王请求我为他的设防之事出谋划策,今天他送来的这些金子是我应该得到的;至于齐国,我从来都没有为他做什么事情,这一箱赠金到底有何含义,我不清楚,但有一点是可以肯定的,那就是齐国想收买我。可是,你何曾见过真正的君子有被收买的?"孟子解释说。弟子似有所悟:"原来辞而不受或者接受,都是根据道义来决定的啊!"

随着经济社会的高速发展,人与人之间的贫富差距越来越大,现实中的各种诱惑越来越影响着人们心灵的宁静。面对财富诱惑,许多人定力不够,便会利欲熏心,进而不择手段。我们看到社会上的一些害群之马犯下抢劫、盗窃等罪行,还有不少人为了赚钱,无所不用其极;一些官员,因为爱财,但取之非正当手段,最终也纷纷落马。这些都是不知"取之有道"的表现,最终只能是害人又害己。

"心底无私天地宽",我们无论从事什么样的工作,都要时时保持清醒的头脑,在面对本不该属于自己的一些利益时,从心灵深处排除私心杂念,脚踏实地不投机取巧,努力拼搏,遵纪守法。这样我们不仅是有道,而且会有财,人们的生活也会因此而变得更美好,社会也会因此多增加一份安宁的和谐氛围。

## 真正的冒险不是赌运气

只靠固定收入维持生活的人,很难发大财,而把所有的财富都拿去冒险的人也往往会倾家荡产。

——《论财富》

没有任何风险的投资是不存在的。可以说,冒险是投资永远的伙伴。不愿意冒险,宁愿保守的人应该有个心理准备,你将终生平庸,因为没有风险,也就无所谓投资,没有投资,自然就无法致富。而富有冒险精神的人,几乎拥有与生俱来的投资致富的能力。

19世纪中叶,美国加州出现一股寻金热,许多人都怀着发财梦争相前往。

当时,一个17岁的农夫亚默尔也想去碰碰运气,然而,他却穷得连船票都买不起,只好跟着大篷车,一路风餐露宿赶往加州。

到了当地,他发现矿山里气候干燥,水源奇缺,而这些寻找金子的人,最痛苦的事情便是没水喝。许多人一边寻找金矿,一边抱怨。这些牢骚,居然给了亚默尔一个灵感,他想:"如果卖水给这些人喝,也许会比找金矿赚钱更容易。"

于是,他毅然放弃挖金矿的梦想,转而开凿渠道、引进河水,并且将引来的水过滤,变成清凉解渴的饮用水。他将这些水全装进桶子里或水壶里,然后卖给寻找金矿的人们。开始时,有许多人都嘲笑他:"不挖金子赚大钱,却要做这些蝇头小利的事业,那你又何必离乡背井跑到加州来呢?"对于这些嘲笑,亚默尔毫不为之所动,他专心地贩卖他的饮用水,没想到短短的几天,他便赚了一笔非常可观的钱。在许多人因为找不到金矿而在异乡忍饥挨饿时,亚默尔却已经成了一个小富翁。

工作与生活永远都是变化无穷的,我们每天都可能面临改变,每一次的改变,都需要我们调整心态重新适应。面对改变,畏首畏尾、患得患失、瞻前顾后,大概是我们大多数人的通病。也许我们很想赚大钱,可是我们不知道如何去操作。我们害怕失败挫折,害怕失去现有的东西,放不开也不敢放开,结果患得患失,以致一无所获。

要想成为一个成功的投资人,就必须拥有富于冒险的精神,冒险是成功致富不可或缺的要素,商战的法则是冒险越大,赚钱越多。当机会来临时,不敢冒险的人,永远是平庸之人,而具有乐观的风险意识的人则不同,他们往往就是发了大财的人。

冒险曾一度被当作危险的东西,是一种莽撞的行为,是在赌运气,即使成功也是侥幸。但是冒险从来都不会和冒进对等,冒险不等于赌博。因为冒险是一种洞察若明后的理智尝试和投入,而冒进则是不顾一切,只会硬拼的愚蠢。平心静气的处惊不变,才能甩掉冒进,运用冒险而大获全胜。对于投资者来说,不仅要敢于冒险,还要善于规避风险。

　　盖茨在1995年建立了一家投资公司，实现了个人资产的多元化。据了解，该公司管理的投资组合价值100亿美元，其中很大一部分投入了收入稳定的债券市场。

　　盖茨比较看好代表新经济的数字及生物技术产业，但在投资时并不排斥传统经济，尤其看重表现稳定的重工业部门。盖茨曾通过自己的投资公司收购纽波特纽斯造船公司7.8%股份，后来这些股票几乎上涨了一倍；他对加拿大国家铁路公司的投资也给他带来了丰厚的回报，在不到一年内股价就上升了大约1/3。

　　此外，盖茨也喜欢向抵御市场风险能力很强的公用事业公司投资，而盖茨对科学创新的兴趣，也使他把医药和生物技术产业作为一个重要的投资方向。可以想象，各方面的投资给他积累的大量财富，对他蝉联世界首富起着不小的作用。

　　俗话说："不要把所有的鸡蛋都放在一个篮子里。"这当然是有原因的，一旦篮子摔了，鸡蛋就可能全碎了，损失也就比较大。相反，如果把鸡蛋分散放在不同的篮子里，即使有一只篮子摔了，其他的鸡蛋仍然会完好无损，这样就大大降低了风险。

　　很多事情都是如此，比如经商投资。眼光再好的分析师，也有看走眼、判断失误的时候，所谓"天有不测风云"，如果把所有的资金都集中投资到一个品种上，一旦不测就会给自己带来很大的损失。相反，如果采取分散投资的方法，即便局部出现意外，也能保全多数，因此"专家理财，分散投资"已经成为经商投资者的两大铁律，很多商人都遵循着这两大铁律进行投资。

　　善于冒险，就是要在冒险之前先估量一下，看看眼前的风险值不值得冒，成功的几率有多大。若可行，那便开始为目的而投入风险之中；若不可行，则将这个可能带来很大打击的风险排除在投资项目之外。

　　冒险与赌运气根本不是一同事，一个成功的人，在做出种种冒险行为之时，一定是经过思考看到了成功的可能性的。冒险是一种在理性分析之后所做出的大胆抉择，冒险不等于赌博，富于冒险精神的人，绝不蛮干，而是有真知灼见的。独特的思维方式，深邃的目光，使他们看到了别人所看不到的可能性。正是因为如此，冒险比赌博更理性，更可能获得成功。

## 不必羡慕拥有巨额财富的人

当一个人的财富达到了某种限度后，就为个人的享受所不能及，他可以将财富储藏起来，可以分配并赠送出去，或者因此而出名，但是于他本人，这些财富是没有实在的用处的。

——《论财富》

我们经常羡慕那些拥有巨额财富的人，认为拥有财富，便能拥有一切，财富越多，身份便越高。我们只是看到他们表面的风光，却不知道他们背后有许多不为人知的痛苦。

事实上，多数超级富翁都认为所拥有的财富越多，烦恼就会越多。富翁们在拥有巨大财富的同时，所承受的是极大的心理不安，时时遭受贪欲和恐惧的双重折磨。

洛克菲勒的个人资产净值约为30亿美元。当被问到需要花掉多少钱才能放松下来的时候，他做了一个简短的停顿然后回答说："差不多要40亿吧。"

有媒体曾统计过，亿万富豪的死亡率已经超过万分之一点五,在最危险职业排名榜中取得一席之地。

许多富豪是靠勤奋发家,但这个习惯也导致他们将大量的时间放在工作和与工作有关的应酬上,休息与锻炼不够,长时间焦虑、紧张,都加速了他们的"积劳成疾"。更多的富豪,则是因为经营中出现重大问题而不堪重负,承受着常人无法想象的压力,甚至选择放弃生命。

很多富豪的内心世界是很孤独的,这样就导致在压力和挫折面前,他们不会像常人那样寻求心理帮助,而采取了独自承受,一旦超过极限就会走向极端。这正是所谓的站得越高、摔得越狠。片面地追求财富,就会成为财富的奴隶。

培根曾说:"一个拥有巨额财富的人是无法感受到由衷的喜悦的。"这就可以解释为什么如今的有钱人要当众拿钞票、要包下一整栋酒楼给孩子办生日宴、要开着高级跑车半夜里开过市中心了。他们需要那些外在的、物化的东西去表达或者发泄有钱人的感受,给自己制造尊贵感,或许还有引诱他人去犯嫉妒之罪的动机,但从根本上说,虚荣算是内向的、自我塑造型的心态。

一位外国人去参加中国一个房地产富豪举办的婚宴时,被眼前奢华的景象惊呆了:每个桌上都摆着数瓶售价高达两三千元的法国产葡萄酒,而贵宾席上更是摆着每瓶售价超过一万元的法国拉图堡葡萄酒。客人们喝拉图堡时像喝啤酒一样一饮而尽,一瓶喝光了,服务员又很快端上了另一瓶。

对于中国现在许多的富豪来说,高级葡萄酒常被用作"身份的象征"。一家国外葡萄酒北京分店负责人说:"中国新兴富豪、演艺人士等经常成箱购买数万元乃至数十万元的葡萄酒喝,买七八千元的葡萄酒的富豪比比皆是""许多著名酒庄的产品平均每隔段时间就要涨价一次,来买的人太多了,价格自然飞涨并且经常断货"。因为中国需求量大,法国最高档葡萄酒的出货价格平均增长了许多。

在如今社会里，有些富人有了钱以后，生活奢侈，挥霍无度，很多人爱炫耀自己财富，于是吃喝最好的，穿戴最高级的，样样为突出自己是富豪而努力着。

对日常生活而言，金钱是相当重要的，如果没有足够的金钱，衣、食、住、行都会发生问题，然而，金钱虽然是生活的必要条件，但却不是绝对条件。即使自己拥有远超过需要以上的财富，也不须夸耀，夸耀财富的人，将会因失足而招来千古恨。

当追逐财富成了人的本能，财富就成了一座围城。有的人千方百计地想进去；有的人明知这是是非之地，却又不肯出来；还有的人是想出却出不去。在财富这座围城前，各种人把自己人性中的善与恶表现得淋漓尽致。

一位奥地利富翁近日放弃了自己价值300万英镑的财产，因为他意识到这些财富并不能给他带来快乐。目前，他正公开出售他在欧洲的多处豪宅，并将全部捐献给慈善机构。他说，我想要变得一无所有，真正的一无所有。金钱对我来说，往往适得其反，你希望它带来幸福，它却往往阻止幸福地到来。随着财富的增多，我越来越觉得自己成了一个财富的奴隶，一直在做自己不需要的事情。

人们通常把财富当做衡量一个人是否成功的标志。但是，似乎财富越多，快乐就越少，财富与快乐往往并不成正比。有的人虽然清贫，每日粗茶淡饭，却无比的幸福快乐。上帝很公正，不会因你富有而多给予你快乐的馈赠，也不会因你贫穷而剥夺你快乐的权利。

我们追求的应是一种内心的幸福感觉，而不仅仅是追求财富。只要永葆一颗爱心，永远充满希望，用一颗平常心品味生活中的酸甜苦辣，快乐就会如空气一般，不经意间充满我们的生活。

# 不要给孩子留过多的物质财富

　　人们通常会把财产留给亲属或者大众,无论哪种,适量才是有益的。如果给后代留下一份大家业,但他的年龄和见识方面尚不够成熟,那就等于留下了一份诱饵,吸引各种猛禽闻风而来攫取吞噬。

——《论财富》

　　自古至今,绝大多数富裕的家庭一般都是把财富留给子孙,甚至普通中国的家庭也总是这样。有不少家长,对子女宠爱有加,为了不让他们经受自己经历过的苦难和辛酸,拼命聚集财富,为子女的未来做准备。

　　然而,给他金钱让他挥霍、留下遗产让他继承,都不足以让孩子一生幸福,往往是留足了物质,贫乏了精神。图享受、摆阔气、讲名牌、贪安逸,在如今的孩子身上可谓司空见惯,娇气、任性、挥霍和极端个人主义,这些不良品质在孩子身上随处可见。把财富留给孩子很容易,把孩子变成财富却不那么容易。

　　从前,有一个财主,家里有良田千亩,万贯家财,财主临死的时候把这些家产传给了儿子。可是这位少爷从小就好吃懒做,游手好闲,经常到处吃喝。有一次,他来到一家酒家,看到门口挂着的鸟笼里养着一只漂亮的画眉鸟,叫声悦耳动听。这位少爷指着那只画眉跟老板说:"我要吃这只画眉鸟的舌头。"经过讨价还价,少爷用50亩良田换来了一碗"画眉舌头汤"。就这样,这位少爷走到那儿吃到那儿，什么贵就吃什么，从不吃正经粮食，日复一日，他把家里的良田吃光了，家里的粮食也糟蹋没了，最后沦落成了一个叫花子。在一个下着大雪的冬天，他饥寒交加，最后惨死在了冰天雪地里。

人世间的任何物质财富都不可能长久地传承下去，人们早有"富不过三代"的结论。如果只留下金钱，孩子们有可能肆意挥霍，甚至最后沦为乞丐；如果孩子没有经营产业的智慧，最后有可能落得倾家荡产；如果留下遗产让孩子们去分割，后人则可能为了争夺遗产对簿公堂甚至大打出手。所以说，留下财富不如培养孩子们经营财富的意识、教授他们可以使用一生的技能，这样才可以保证他们在自己的人生里平安富足。

古今中外有许多名家，都把不留钱财给后代当做是教育子女的准则。

早在汉朝时，有识之士就已认识到：给子女留钱财，如果子女有德有能，适足损其善；要是子女无德无能，则会增其恶。总之，给子女留钱财，有弊无利。

林则徐不给子女留钱财，却留下这样一副对联："子孙若如我，留钱做什么？贤而多财，则损其志；子孙不如我，留钱做什么？愚而多财，益增其过。"

爱国华侨陈嘉庚先生把全部财产捐给自己在国内办的集美学校，先生对子女回国安家作了如下规定：每人每月发给25元生活费。

不给子女留财富，也是当代许多西方富人奉行的原则，以防子女坐吃山空、不思进取。他们希望自己的孩子多受点磨难，尽快掌握生存能力，不过多地依赖别人，早早自立。而好多国人则希望自己的孩子不受一点点挫折，一味地保护，最好是不需要劳动就可以继承一大笔财产，一辈子衣食无忧。

比尔·盖茨选择"裸捐"的方式，把自己价值百亿美元的个人财富全部返还给社会，而不给自己子女留下任何财产。他说："我告诉他们不会从我这儿得到财富。早在生儿育女前我就信奉大多数财富都应该回馈社会的原则。"

谈及子女教育，盖茨表示，越早让子女了解世界的不平等，越早鼓励子女到贫穷国家去接触当地人，对孩子的成长越有帮助。"我女儿看过一段录像后，总想知道贫穷国家同龄人的生活是怎样的，她能为录像中的那个孤儿做点什么。"为了让我们的孩子将来能更幸福，我们就必须让他们变得更聪明、更有竞争能力。我们留给孩子的，应该是培养他独立的生活能力，独立的思考能力和不断创新、勇于接受挑战的精神。

许多家长们这样做，是因为他们意识到，让孩子拥有一种天生的金钱优越感对孩子的成长有百害而无一利。他们只给孩子很少的零用钱，鼓励孩子自己去打工挣钱，这样让孩子明白：金钱的获得并不是轻而易举的；钱也是会用完的；有价值的财富要靠自身的努力去积累；积累财富的过程或许比财富本身更有价值。他们告诉孩子：自己的未来要靠自己去创造，而不要靠父母勤劳、努力赚来的钱生活。

人生于天地间，自立自强才是最重要的课题。成才的道路有很多条，成才的方式也各不一样。但让孩子感受生活的酸甜苦辣，独立承担起学习、生活的责任，具有感恩的心和不屈的意志，却是成才不可或缺的历练和品质。

教育家陶行知曾说："滴自己的血，流自己的汗，自己的事情自己干，靠天靠地靠老子，不算是好汉。"孩子的人生最可依赖的是什么？是知识，是智慧，是汗水。父母不可能让孩子依靠一生一世，因此，这个世界上最可靠的不是别人，而是孩子自己。

人的素质是不能遗传的，是金钱买不来的。为子女留下财富，不如留下更多的知识，后代不一定能保留住财富，但可以用知识去创造财富。由此可见，财富是宝贵的，但比财富更宝贵的是知识。不要让孩子认为父母的钱就是自己的财富！只有自立的人，才会有拯救自己的方法。

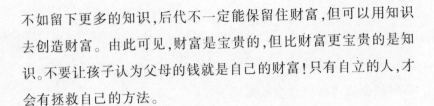

# 不要有一夜暴富的心理

所罗门告诫人们，不可急于敛财致富，"急于想要致富的人不可能是清白的"。

——《论财富》

培根在论财富中写道：诗人们说，当财神普卢塔斯被天帝朱辟特派遣时，他步履蹒跚，行走迟缓；但是当他被阎罗普卢陶派遣时，他撒腿就跑。

培根用这个寓言来形容金钱的获得，即用善良的方法和正当的工作来获得财富，速度是很慢的；但若是别人的死亡，比如遗产，用承继的方式，财富则是骤然落在身上的。若把普卢陶当做魔鬼，这个寓言也用得上，因为当财富是从魔鬼那里来的时候（如由诈欺、压迫和其他不正当的手段而来的财富），它们是来得很快的。

一天上午，武汉某建设银行网点门前，因不明物体引发爆炸，造成过路群众多人伤亡。其中不幸身亡的一名年轻女孩，才刚年满20岁。嫌犯王海随后落网。据专案组民警介绍："他的作案动机很简单,就是想抢劫运钞车,一夜暴富。"

王海原本是一个很努力上进的人,凭借自己的技能,修理家电、安装空调,其实还赚了些钱。而且他很有耐力和毅力,特别节俭,为了攒钱,平常都不出去买好吃的东西,有时候往往几个馒头、一点咸菜都可以支撑一天。

王海在武汉打工的时候,住过很多城中村,不少城中村改造、拆迁,一些村民因此暴富。看到这些人的变化,王海的心理渐渐地发生了变化,他觉得自己虽然很努力地去工作,平日里省吃俭用,却收获甚微,因为囊中羞涩,也没有给家人买过像样的东西,于是他就滋生了通过犯罪一夜暴富的念头。

在当今中国,许多人存在浮躁的心理,经常想着走捷径,经常琢磨旁门左道,经常想着一夜暴富,在短时间内获得最大利益。这些"为富不仁,为仁不富"的不良思潮迅速在社会上蔓延开来,"人无横财不发"的歪风渐渐战胜了正当劳动致富的理念,一些人开始不择手段地谋取不义之财。

对财富的追求是人们最热衷的话题之一,每个人的心中都会有自己的"寻宝"情结。其实我们每一个人的心底,都有一个寻宝梦,只不过许多时候这种梦想没有受到外界的刺激罢了。这都不是问题,关键是要做到"君子爱财,取之有道"。不过,倘若被"宝"遮望眼,馅饼就有可能变成陷阱。

王烁家境不算富裕,他常常幻想有一天会暴富。他平时对古董收藏很有兴趣,常看些电视上的类似节目。一天,有两个之前在外地出差时认识的人给他打电话,说有一批宝贝想给他看。

一见面,那两个人就绘声绘色地描述着挖土方挖出的巨大"财富":"这个古墓中,好像一个博物馆,应有尽有,什么瓷器啦、宝剑啦、古画啦。棺材旁边有四个箱子,里面装了弥勒佛、小狮子、金元宝,全是真金的!"说完然后拿出一个小金佛。

一个人用钳子将小金佛熟练地夹到了地上,用菜刀在小金佛屁股上切下一个小三角。

"不能切!"一旁的王烁看了直心疼。

"没关系,切下来您好拿去鉴定,我们大家都是生意人,讲的就是诚信。"其实,他们早已趁着王烁怜"金"惜玉时,将切下的假金与真金进行了调包,王烁拿走去鉴定的那一小片其实已是真金。

拿到报告的时候,王烁感觉自己捡到了天大的便宜,他决定放手一搏。为了买到便宜货,主动打电话给他们,毕竟每克只需花25元啊!见面后,王烁开门见山:"我要把你们这些东西全买下来。"……结果可想而知。

谈到骗子,人们总是恨之入骨,但是在生活中骗子们却总是屡屡得逞。有人说是因为骗子过于可恨,过于狡猾。骗子固然可恨,但他们骗人的伎俩却不见得有多么高明,只要稍加分析就不难发现,大多数骗子都不过是抓住了人们期望不劳而获的心理。

每个人都希望自己能出其不意地被幸福砸中,最好能中个百万大奖。人生之路总有贵人相助,一路鲜花,也无风来也无雨。可我们是凡人,幸运女神总是拍拍翅膀从我们身边飞走。

本来,世界上就没有天上掉馅饼的事,但是很多人却总是期望奇迹会发生在自己身上,他们将之称为上天对自己的恩赐,殊不知,这些所谓的奇迹只不过是披着上天恩赐的光环,骨子里却干着骗人坑人的勾当。

有一回巴菲特在地上看到一个硬币,他弯下腰拾起这枚硬币,当时所有在场的人都惊讶不已,但他会心一笑,说:"这是另一个十亿美元的开始。"在投资中要珍惜知识财富的一点一滴,积累财富是从一点一滴小事做起的,不要幻想一夜暴富。

古语有云:"人若不知足,既平陇,复望蜀。"说的就是很多"有志者"往往贪心不足,吃着碗里的,望着盘里的,孰不知这样的"野心"往往可能超出你的力量之外,让你连既得的"陇"也失去。赚钱的唯一捷径就是没有捷径。老老实实做人,踏踏实实赚钱,才是想致富者最应该做的。有发财梦不要紧,还要付出努力和智慧,不要总期待天上的馅饼。"天道酬勤",而不是"天道酬赌",投机取巧者永远只会偷鸡不成反蚀把米。

## 舍得小利,方得大益

不要过于看重小钱。钱财是有翅膀的,有时它会自己飞去,有时你必须放它出去飞,以招来更多的财富。

——《论财富》

古语有云:"欲取之,必先予之。"古人早已悟出,舍得舍得,不舍不得。"先予后取"大抵是正常的人情交往所遵循的信条。确实,礼尚往来有助于心灵相通,而精明的商人们也从中看出了些许门道,将此搬进了营销学中。要想获得更多的财富,该舍弃东西时一定不要心疼,该投资时一定不要怕花钱。

一个生意人来到一个小镇推销鱼缸,但是小镇的人们很少有养观赏鱼的经验。尽管他的鱼缸工艺精细、造型精巧,但是在小镇推销了很久也没卖出多少。

为了尽快卖掉鱼缸,生意人想了一个办法。他在花鸟市场上向一个卖金鱼的老头订购了500条小金鱼,卖金鱼的老头很高兴,

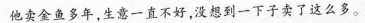

他卖金鱼多年，生意一直不好，没想到一下子卖了这么多。

生意人让老头帮助他把金鱼带到一条水渠的上游，然后对他说："把这500条金鱼全部投放到水渠里。"卖金鱼的老头十分不解。商人说："你尽管放，买鱼的钱我一分也不会少给你。"于是卖金鱼的老头把所有的金鱼都投放到了那水渠里。

没过半天，这条消息就传遍了整个小镇。镇上的人争先恐后到那条水渠边看热闹，许多人还跳到水里捕捉金鱼。捕到金鱼的人，立刻兴高采烈地去街上买了鱼缸。那些没有捕到金鱼的人，也纷纷涌上街头抢购鱼缸，他们想，既然水渠里有金鱼，虽然自己暂时没捕到，但总有一天会捕到的，买个鱼缸早晚会用上。卖鱼缸的商人虽然把售价抬了又抬，但他的鱼缸还是很快就被人们抢购一空。

吃亏是福，能够真正做到这一点，是一种大智若愚的表现。人都有利己之心，面对诱惑、选择都会不自觉地趋利避害。大多时候我们会认为，确保自己的利益，争取更多的回报是一个人能力的体现，是成功的标志。然而，真正的大智慧却是学会吃亏。可以说，做生意的人的可贵之处都在于乐于亏己。

在当今市场经济日趋激烈的情况下，假如一门心思只想到掏客人的口袋而不为其提供优质的服务，此条赚钱之路恐怕是难以走到底的。因此，必先学会给予，在给予的过程中既要果断决策又要准确预测市场，只有这样，明天的市场才有你立足的地方。

20世纪90年代初，日本"佳能"相机走进中国市场时，别的牌子的相机早已挂上中国摄影记者们的脖子。然而佳能公司发现，中国众多的摄影工作者、爱好者，只能从资料上了解佳能EOS相机的性能，从商店的橱窗里看到它的模样。佳能公司上海事务所想出一招：把大批佳能EOS借给上海记者免费使用40天，又请维修部的专家讲解它的功能。

1992年夏天，上海各大报社的摄影记者用上佳能EOS照相机。从EOS1到EOS1000，配有各种款式的镜头，每个贴有一张"佳能赞助器材"的标签。记者们开始时小心翼翼，后来随心所欲地拍起来。40天匆匆而过，记者们送还相机时都恋恋不舍。

不久，一些记者通知佳能公司上海事务所，准备购置一批EOS。佳能公司以欲取先予的策略，终于打开中国的市场之门。

没有不精明的商人，但同时也不能过于精明，要知道不管是跟谁过于锱铢必较，不论谁是谁非，最后只能一拍两散。赚钱难，长期赚钱更难，过于精明了，只考虑到眼前的利益，就不会有之后长久的利润与发展。眼界与心胸决定了事业的大小，有舍才有得。从很精明的小商人，到不太精明的大商人，再到大贾巨擘，或许也是一种智慧。

上天绝不可能把所有的利益都给一个人享受，要想获得下一项利益，就要舍弃手中的部分利益，这是为人之本，也是经商之道。李嘉诚在年轻时就说过："与人合作，如果我应该拿到50%的利益，我一定会只拿49%，而让对方得51%。"

现实中有不少财聚人散、财散人聚的鲜活事例。人人心里都揣着一杆秤，你怎样对待别人，别人就会怎样对待你。算计蝇头小利的人，暂时会得到一些好处，可那点儿利益并不会对你的生活质量产生多大影响，却有可能使你永远失去了一个宝贵的机会。而让别人得了好处，可能他嘴上不说，心里却记着这笔账，也会因为这笔账使你在他心中的形象变得更高大，从而为事业的发展奠定良好的基础。

商界有句古训："愚者赚今天，智者赚明天。"又有俗话说："舍不得孩子套不住狼。"这些话实质上都反映出"将欲取之，必先予之"这一哲理。聪明的人肯于吃亏。吃亏是通观全局的眼光，是精明睿智的妥协，是不去强争的气度，是为了获得更大更长远的利益,是为了拓宽道路、谋求大成。

## 争强好胜不都是好事

分析各种野心而言,那种只在大事上争强好胜比凡事都争强好胜的野心的危害要小点。事事都去争强好胜势必会造成混乱,破坏正事。

——《论野心》

在一些人眼里,争强好胜是有上进心的表现,是积极进取的标志。积极进取、不甘示弱作为一种精神能激励年轻人不断进步,但在人际交往的过程中,"争强好胜"未必是件好事。

辛尚刚到公司工作时,为了突出自己的能力,不仅把自己的工作做好,还处处帮助同事。一开始,同事们都很喜欢他,可后来他发现同事都疏远他,部门主管也时常为难他,这让他莫名其妙。

后来听到同事在背后说他才知道,自己在同事眼里是这样的:锋芒毕露,争强好胜,功利心强,不可信赖。同事小李说:"辛尚这个人虽然没有害人之心,但太过于表现自己,总把别人看成自己的竞争对手,想方设法压倒别人,特别是有领导在场的时候他更有意表现。"辛尚听到这些话感到很委屈:为什么我在同事眼里就成了这种人呢?

太过强势会给自己及同事带来压力。人们本能地回避竞争,也不喜欢和让自己显得弱的人在一起。然而很多刚毕业的年轻人都认为，刚工作时一定要突出自己的能力，只有这样才能被公司看好，因此，在工作中处处争强好胜，把自己的全部能力表现出来。但他们没有想到欲速则不达，处处锋芒毕露只能引起同事的反感。

"善以不伐为大，贤以自矜为损。"在处理人际关系时应遵循的基本原则是：谦虚忍让，柔以待人。心态成熟的人往往会恰到好处地示弱，而不是一味地以一种强者的姿态出现。必要的时候，即使自己在某一方面很有优势，也不要过多地表现出来，应该让别人获得一些心理优势。

本杰明·富兰克林常说："如果你争强好胜，喜欢争执，以反驳他人为乐趣，或许能赢得一时的胜利，但这种胜利毫无意义和价值，因为你永远得不到对方的好感。"

许多人能言善辩，时常在人群中占据上风。很多善于辩论的人因为不懂人际关系的维护，常常目中无人、争强好胜，什么都想比别人高出一截。别人说一句话，他也会从中挑刺，非要让别人同意他的观点，甚至不惜辩论一番决出胜负。可是却不知，这时你可能赢了辩论，可是你却输了人缘。

周丽能言善辩、伶牙俐齿，去哪儿办事都不会吃亏，就连到市场买菜也会说着说着就把卖菜大妈弄得晕头转向，最后不得不让她几分钱。本来这也不算是什么缺点，可是久而久之，和人吵架倒成了周丽的家常便饭，周围邻居一听到周丽的名字，都会唯恐躲闪不及地说："哦，就是那个最不饶人的丫头啊！"

俗话说，得饶人处且饶人。千万别因为一点小事就斤斤计较，得理不饶人，这样会给别人造成刻薄的印象，就算你是有口无心，却也给你的形象大打折扣。

争强好胜，表面上看起来是益与福，其实却是损与祸；谦虚忍让，表面上看起来是损与祸，其实却是益与福。争强好胜之人，一般都会具有一定的实力。当掌声、赞扬已成习惯，一次失败足以使其内心翻江倒海，饱受煎熬。精神的折磨比肉体的折磨要残忍得多，也苦痛得多，只有鲜花与掌声才能缓解他的苦痛。可常胜将军本就虚无，因此，他们常常收获的是痛苦。

争强好胜的人常常找不到属于自己的坐标，于是按外界给定的标准来要求自己。在他们眼中，所谓的成功都是以他人为参照。外界的一些微小的变化，都会直接影响他的情绪起落，以至于迷失了自己本应该专注的目标。

人比人，气死人。我们不要总是拿自己与别人去对比，因为人与人总是不相同的。每个人的优点、能力、长处各不相同，每个人的能力都有一定的限度。在属于自己能力范围之内的事，自己做起来很容易，而超过了自己能力范围的事，做起来就会很吃力。过于争强好胜，给自己设立太高的要求和目标，会给自己造成巨大的压力。

很多人想成为纵横驰骋的骏马，成为搏击长空的雄鹰……他们总是想超越自己，这是人类的优点，但有时却是不幸的根源。对绝大多数人来说，成功是他们一生追求的目标，可是在人生的路上，衡量成功还是失败绝非只有结果这个唯一的标准，而且我们还应该考虑一下，我们为了这个"成功"付出了怎样的代价，是得大于失，还是失大于得。

《老子》说："夫惟不争，故天下莫能与之争。"积极进取、追求成功是好事，但不能太强求，属于你的成功终究是你的，不是也没必要苦苦挣扎。失败是每个人一生都会经历的事，没有失败的人生是没有意义的。每个人都应该具备超越自己、超越别人的勇气与心志，但积极归积极，每个人的目标都应恰到好处。只有把心放轻松，顺其自然，只将完善、充实自身作为目的，才会使自己不断进步，才能使自己受益多多，才会让生活充满活力！

# 养成好习惯

天性往往是隐藏着的,有时会被克服,却很少能完全熄灭。强制地压抑天性,只会使天性在压力消失后更为强烈。只有习惯能约束和改变天性,而教育和宣传只能减少天性的需求。

——《论人的天性》

孔子在《论语》中提到:"性相近,习相远也。""少小若无性,习惯成自然。"意思是说,人的本性是很接近的,但由于习惯不同便相去甚远。

有的人习惯"黎明即起,洒扫庭院",而有的人则习惯睡懒觉;有的人十分注意自己的衣着整洁,有的人则大大咧咧,不修边幅;有的人做事井井有条,有的人则手忙脚乱;有的人总是乐观地看待一切,有的人遇到一点儿小事,就会愁眉不展;有的人节俭,有的人铺张;有的人多话,有的人寡言……

培根在谈到习惯时,深有感触地说:"习惯真是一种顽强而巨大的力量,它可以主宰人的一生,因此,人应该通过教育培养一种良好的习惯。"

试想,一个爱睡懒觉、生活懒散又没有规律的人,他怎么约束自己勤奋工作?一个不爱阅读、不关心身外世界的人,怎能有开阔的胸襟和见识?一个自以为是、目中无人的人,他如何去跟别人合作和沟通?一个杂乱无章、思维混乱的人,他做起事来的效率会有多高?一个不爱独立思考、人云亦云的人,他能有多大的智慧和判断能力？

有一头小象在很小的时候，便被一根粗锁链栓到了一根铁柱子上。每天，小象都会拼命地试图挣脱锁链逃跑，但是，它的每次尝试均以失败而告终。最后，小象得出结论，无论自己如何努力，锁链都牢不可破，铁柱也会毫不动摇。于是，小象放弃了努力，从此不再尝试。日复一日，这一习惯逐步巩固，直到小象长成大象，它仍然习惯性地坚信自己永远不可能挪动那根栓住它的柱子，无论柱子是否结实和牢固。

事物总是一分为二，凡事都有其两面性，习惯也是一样，有好坏之分。古希腊哲学家苏格拉底说："好习惯是一个人在社交场合中所能穿着的最佳服饰。"而坏习惯则是你的敌人，它只会让你难堪、丢丑、添麻烦、损坏健康或者事业失败。莎士比亚说得好："习惯若不是最好的仆人，它便是最坏的主人。"让坏习惯主宰了自己的生活，它就成了你"最坏的主人"。

阿拉伯有一位著名的驯马师，他驯出来的马甚至被称为神马。每天早上，驯马师会指挥着一群马绕圈子跑，这其中有雄健的大马，也有很小的幼马。驯马师的助手则一边呵斥着马，一边抓着马鞍左右跳跃，看起来活像马戏团的特技表演。到了中午，沙漠的太阳正毒，驯马师却和他的助手骑马向沙漠深处奔去。下午4点，当他们返回时，人们才发现每人手上都拿着一把弯刀，仿佛出征归来的样子。

有人对这样的驯马方式很不解，就向驯马师请教。驯马师说："我让马绕圈子，是因为我要教那些小马，跟在大马身后，学习听口令和顺服，没有大马的带领，小马是很难教的。我让助手抓着马鞍左右跳跃呢，是为了教马学会均衡，维持稳定。至于中午的时候骑马出去，是因为中午天气最为炎热，让马在沙漠里奔跑，这是一种磨练，经得起的才能成为千里马。而弯刀，是我们故意舞给马看的,用刀光闪烁刺激马的眼睛,发出强烈的音响,经历这种场面还能镇定自若的,才能成为最好的战马。"

人的成长与驯马是同理的,正如俗语所说,"自在不成人,成人不自在,吃得苦中苦,方为人上人"。如果你不能勤奋努力,改变自己天性中不好的地方,怎么能出人头地呢？成功是靠努力向上的习惯一点一滴积累而成！时代给了人机会,而能抓住机会从而成功,是因为付出了太多泪水和汗水。

所有成功人士都有一个共性,那就是基于良好习惯构造的日常行为规律。正是这些好习惯,帮助他们开发出更多的与生俱来的潜能。

成功人士并不见得比其他人聪明,但是,好习惯让他们变得更有教养、更有知识、更有能力;成功人士也不一定比普通人更有天赋,但是,好习惯却让他们训练有素、技巧纯熟、准备充分;成功人士不一定比那些不成功者更有决心,或更加努力,但是,好习惯却加大了他们的决心和努力,并让他们更有效率、更具条理。滴水石穿,绳锯木断。当我们勤奋不懈时,一切阻力都不会生存,成功就在掌握之中。

俄国教育家乌申斯基说:"良好的习惯乃是人在神经系统中存放的道德资本,这个资本不断地增值,而人在其整个一生中就享受着它的利息。"的确,习惯是一个人独立于社会的基础,又在很大程度上决定人的工作效率和生活质量,并进而影响他一生的成功和幸福。因此,注重养成好的习惯,是人生迈向成功的第一步。

# 渐进法改变坏习惯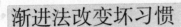

要恰如其分地抑制天性，就要像控制发怒一样，先是背诵二十四个字母，然后从数量上慢慢减少。就像一个人饮酒，从无节制的痛饮到只在吃饭的时候喝酒，从数量上慢慢减少，最后，直到完全戒掉。

——《论人的天性》

不能否认，每个人都或多或少有些坏习惯，坏习惯是一块糖，总能带给人们满足感。比如很多女性爱吃甜食，纯粹是种心理需要，借此缓解焦虑。在消灭一块蛋糕时，愉悦的不仅是味蕾，还有心理。而另一些坏习惯的安慰效果则更加隐秘。酒精吸引那些缺乏勇气改变现状的人暂时逃离现实问题，而那些缺乏长期目标或者感觉空虚的人，则可能超级喜爱看电视，成为"沙发中的土豆"。

心理学家认为，坏习惯会带来很多好处，不然人们不会离不开它。就算有一天，你明白了它没有任何益处，可已经形成定势，按照习惯的方式生活总是很舒服的。于是，大多数人会听从本能的声音，继续待在老地方，要想打破原有的习惯，多少会有些恐惧。

不良习惯不是一天养成的，而是经过很长时间养成的，具有一定的惯性。因此改掉不良习惯，也不要指望一蹴而就，立竿见影，需要经过一段时间，分步骤、分阶段，经历一个反向过程。要彻底改掉这个恶习，需要经过一些步骤，循序渐进，逐步改正。

梁乐声是一名外企财务专员，大约从大学时候就开始吸烟。他说："很长一段时间，吸烟对我来说是一种享受，特别是周五晚上，我会在酒吧里一支接一支吸个没完。后来，我得了严重的咽炎，我意识到我必须要把烟戒掉。"他接受了专家的建议，开始了第一个没有香烟的24小时。事实是，戒烟并没有他想象的那么困难。

"我首先把一张烂掉的肺叶的图片贴在电脑上，这起到了不错的警示作用。"他说，"接着，按照医生的吩咐，我将每天的戒烟目标以及所想到的戒烟好处都写下来。每一天告诉自己一个不同的戒烟理由和好处，随着我想出的不吸烟的好处不断增多，我的'戒烟日记'内容越来越丰富。

"当然，最重要的是要逐项规划去完成'戒烟'日记内记录的事情。当你抗拒了吸烟的诱惑时，记得要用积极的话来鼓励自己；制定一些必须达到某个目标才可获得的奖励，这样更能激励你继续前进。"梁乐声宣称，经过半年时间循序渐进的坚持，他彻底摆脱了与烟为伴的生活，自己的咽炎也慢慢变轻了。

心理学研究表明，习惯的形成和完善，主要取决于自身所处的生活环境。习惯可以通过新的、自觉的自我调适以及积极的实践来加以改变。改变不良习惯，养成好习惯，并不是一蹴而就的事情，它需要我们用毅力、恒心和不断的自我提醒才能得以达成。幸运的是，我们每个人都具备这些能力，只要你肯用心。你的心改变了，你的行为才会改变；你的行为改变了，你的习惯才会改变；你的习惯改变了，你的人生才会改变。

很多人都希望可以轻松改掉坏习惯，但在很多时候，某些行为一旦形成习惯，心就会不知不觉地进入惯性轨道，被其所控，不是我们想改变就能轻易改变的。那些最终成功改掉不良生活习惯的人们，实际上都做了两件看似很简单实则非常艰巨的事：第一，他们决定改变；第二，他们采取了行动。

德摩斯梯尼从小喜欢学习，知识很丰富，他很想成为演说家，但是他登台演说时，听众十分不满意，人人在台下喊："轰他下台……"虽然他演说失败了，内心十分痛苦，但他不灰心，下决心克服自己的弱点，一定要成为一个有名的演说家。

他每天早上边跑步边呼喊，爬上了山顶，就把树木当听众，开始演讲。为了口齿清楚，他还常含着小石子练习讲话，即使口腔被磨破了，流出了血，可他还是不停地练。就这样，他终于成功了，他的演说都能够征服听众。

坏习惯难以改掉的一个重要原因，就是决心不大、毅力不强。富兰克林说："习惯就利用轻忽，嗜好有时比理由还强硬。"对于坏习惯，不少人都想改，但为什么有的改掉了，有的改不掉，关键是不仅要认识到坏习惯的危害，而且要痛下决心去改。这样，诸如吸烟、酗酒、随地吐痰等不好的习惯，都是可以改掉的。

习惯的改变和养成一样，都是通过一再地重复，像细线变成粗绳，再由粗绳变成绳索那样的过程。每一次人们重复相同的行为，就增加并强化它，绳索又变成缆绳，再变成链子，最终根深蒂固，把人们的思想与行为紧紧捆绑起来。

倘若你堕入了恶习，现在渴望"改邪归正"，那么请不要急于求成，因为坏习惯是不可能一天两天就改过来的，它需要很大的毅力才能克服。那些改掉坏习惯有了好习惯的人，只不过比你早一步开始进行尝试。渴望成功的人，应对自己平时的习惯做出深刻的检讨，把妨碍成功的恶习逐一找出，并把它们记下来，根据它们引起的错误，再一一纠正。若能持之以恒，就会取得意想不到的收获。

# 习惯的惊人力量

人们的思想大多取决于自己的愿望,他们的言谈内容取决于自己的学识和接受的见解,但是他们的行动却遵循他们平时的习惯。

很多人在表白、抗辩、承诺和夸口之后,仍然会去做那些他已经下决心不会去做的事,就像凭习惯而作用的机械,这是令人惊讶的。

——《论习惯与教育》

"没有什么比习惯的力量更强的",这是古罗马诗人奥维德的名言。人是一种习惯的动物,无论我们是否愿意,习惯总是无孔不入地渗入到我们生活的方方面面。人们绝大部分的日常活动都来源于习惯,小到啃指甲、挠头、穿衣方式这些微不足道的事情,大到一些影响命运走向的关键抉择,甚至我们的性格也都是习惯使然。

习惯的力量,不经意间会影响人的一生。习惯作为一种长期形成的思维方式、处世态度,是由一再重复的思想行为形成的。因此习惯也称为惯性,是宇宙共同法则,是一种规律,是无法阻挡的一股力量。人们往往会不由自主地启用自己的习惯,不论是好习惯还是不好的习惯,都是如此。

一位没有继承人的富豪死后将自己的一大笔遗产赠送给远房的一位亲戚,这位亲戚是一个常年靠乞讨为生的乞丐。这名接受遗产的乞丐立即身价一变,成了百万富翁。新闻记者便来采访这名幸运的乞丐:"你继承了遗产之后,你想做的第一件事是什么?"乞丐回答说:"我要买一只好一点的碗和一根结实的木棍,这样我以后出去讨饭时方便一些。"

美国著名演讲家罗宾·西格尔说:性格是人的一切习惯的总和,习惯对我们有着巨大的影响,因为它是一贯的,在不知不觉中,经年累月地影响着我们的行为,影响着我们的效率,左右着我们的成败。

"习惯成自然",可见习惯是一种形成了固定模式的自然的习性,如同身体器官一样,最后始终伴随自己的一种行为模式,正如我们每天都是在无意地去实践着习惯,并没有要去刻意形成它。习惯是重复的惯性,习惯其实在主宰着你的人生,不管你是否愿意承认。好的习惯成就一个人,坏的习惯则摧毁一个人。习惯是通往成功的最直接的保证,习惯也是通向失败的最直接的通道。

有一个孩子捡回一只老鹰蛋,回到家里,他把老鹰蛋和母鸡正在孵的鸡蛋放在一起。

没过多久,小鹰和小鸡一起出世了。在母鸡的照顾下,小鹰很开心地和小鸡们生活在一起。

小鹰当然不知道自己是一只鹰,它和小鸡们一样学习鸡的各种生存本领。母鸡也不知道它是一只鹰,母鸡按照教育其它小鸡那样教育小鹰,这只小鹰一直按照鸡的习惯生活。

在它们生活的地方,不时有老鹰从空中飞过。每当老鹰飞过时,小鹰就说:"在天空飞翔多好啊,有一天我也要那样飞起来。"

听它这么说,母鸡每次都要提醒它:"别做梦了,你只是一只小鸡!"

其它小鸡也一起附和:"你只是一只鸡,你不可能飞那么高!"

被提醒的次数多了,小鹰终于相信它永远不可能飞那么高。

小鹰再看到老鹰飞过时，它便主动提醒自己："我是一只小鸡，我不可能飞那么高。"

就这样，这只鹰到死那一天，也没有飞翔过——虽然，它拥有翱翔蓝天的翅膀和体格。

习惯虽小，却影响深远。你可以遍数名载史册的成功人士，哪一个人没有几个可圈可点的习惯在影响着他们的人生轨迹呢？当然，习惯人人都有，我们的惰性和惯性会使我们不止一次地重复某些事情，而经常反复地做也就成了习惯，比如爱笑的习惯、懒惰的习惯，等等。

习惯有大有小，有好有坏。好习惯造就许多辉煌成果，而坏习惯毁掉许多美好的人生。习惯一旦形成，它就极具稳定性，心理上的习惯左右着我们的思维方式，决定我们的待人接物；生理上的习惯左右着我们的行为方式，决定我们的生活起居。日常的生活本身就是习惯的反复应用，而一旦遇上突发事件，根深蒂固的习惯更是一马当先地冲到最前面，所以，当我们的命运面临抉择时，是习惯帮我们做的决定。

一次，华盛顿大学有幸请来世界巨富沃伦·巴菲特和盖茨演讲。当学生们问到："你们怎么变得比上帝还富有"这一有趣的问题时，两位好朋友道出了自己成功的诀窍，即：成功不在智商，在于良好的习惯。

好的习惯是成功的阶梯，好的习惯是成功的基石。

想要控制命运，改变预设结果，就必须凡事深思熟虑并培养更好的习惯。成功人士之所以能达成梦想，就是由于他们培养了难能可贵的好习惯。若你也想达到相同的成果，就应该努力培养各种良好的习惯。

# 好习惯，要从小养成

毫无疑问，一个人从小养成的习惯是最为完善的，我们称此为"教育"，简单说，其实就是一种早年开始的习惯。我们可以看到，小时候学语言，舌头在表达时更为灵活；小时候练习各种技巧动作时，关节更灵活。而学得晚的人，则不是那么容易掌握，除非他们思想尚未僵化，不固步自封，而是敞开心扉，不断改进，而这种情况是极其罕见的。

——《论习惯与教育》

孔子说："少成若天性，习惯如自然。"意思是小时候形成的良好行为习惯和天生的一样牢固。近代英国教育家洛克在其《教育漫话》中说道：儿童不是用规则教育就可以教育好的，规则总是被他们忘掉。你觉得他们有什么必须做的事，你便应该利用一切时机，给他们一种不可缺少的练习，使它们在他们身上固定起来。这就使他们养成一种习惯，这种习惯一旦养成以后，便不用借助记忆，很容易地、很自然地发生作用了。

某年，多位诺贝尔奖获得者在巴黎聚会。人们对于诺贝尔奖获得者非常崇敬，有个记者问其中一位："在您的一生里，您认为最重要的东西是在哪所大学、哪所实验室里学到的呢？"

这位白发苍苍的诺贝尔奖获得者平静地回答："是在幼儿园。"记者感到非常惊奇，又问道："为什么是在幼儿园呢？您认为您在幼儿园里学到了什么呢？"

　　诺贝尔奖获得者微笑着回答:"在幼儿园里,我学会了很多很多。比如,把自己的东西分一半给小伙伴们;不是自己的东西不要拿;东西要放整齐;饭前要洗手;午饭后要休息;做了错事要表示歉意;学习要多思考,要仔细观察大自然。我认为,我学到的全部东西就是这些。"所有在场的人对这位诺贝尔奖获得者的回答报以热烈的掌声。

　　事实上,大多数科学家认为,他们终生所学到的最主要的东西,就是幼儿园老师教给他们的良好习惯。习惯决定性格,性格决定命运。孩子从小养成良好的习惯,可以受益终生。

　　确实,儿童期是形成习惯的关键时期。习惯对于孩子的生活、学习以至事业上的成功都至关重要。我国教育家陈鹤琴先生则说:"习惯养得好,终生受其益,习惯养不好,终生受其累。"事实上,习惯是一种惯性,也是一种能量的储蓄,只有养成了良好的习惯,才能发挥出巨大的潜能。

　　现代著名教育家陶行知先生说过:"什么是教育?一句话,就是要养成良好的习惯。"古今教育家、学者非常重视幼儿早期教育对于人一生教育的基础性作用,认为自幼就应该教幼儿学会礼仪谦让、明辨是非、端整洁净、端正守常、勤勉节欲,使幼儿自幼便形成良好的行为习惯,认为幼儿一旦养成此等品质、行为将固而不化,长大后可以"正性"、"养心"、"成德"。通过教育培养,原初一样的孩子,后来却会大相径庭。

　　美国历史上首位华裔部长赵小兰,小时候家里移民美国。虽然从小生活在美国,但是在家庭教育的问题上,其父母还是坚持着传统的做法。赵小兰的父亲赵锡成是个很好客的人,每当有客人来,6个女儿只要在家,一定会出来帮忙招呼。当赵家宴客时,几个女儿还会在客人身后为大家上菜、斟酒。赵小兰的母亲朱木兰女士认为,让孩子参与这些家务劳动,是对孩子的一种训练。

除此之外,赵小兰和她的姐妹们从小就是自己洗衣服、打扫房间,除了料理自己的内务,还帮忙分担家里的琐事。虽然家里很有钱,还请了管家,但父母想让她们明白,管家是请来帮助父母的,而不是帮助孩子的,年轻人理当做好自己的事,不能太早受人伺候,否则很难学会独立。

每天清晨,孩子们要出去检查游泳池的设备,捞水里的脏东西。到了周末,还要整理她们家占地两英亩的院子,把杂草和蒲公英拔掉。就连赵小兰家门前长达120英尺的路面,都是姐妹几个在父亲的指挥下自己铺成的。赵小兰后来在《我的事业与人生》一文中写道:"那时我们不是很喜欢,如今想来,大家一起工作,一起交谈,很能领会父亲良苦的用心了。"

作为父母,从孩子幼年起就要注意通过教育培养各种良好的习惯。俗话说:"三岁看老。"人在生长、发育期间可塑性最大,最容易受引导。孩子小的时候,就像铁水,它可以浇铸成各式各样的形状。但等孩子长大了,这铁水冷却了,变成了一块铁砣子,再改变可就困难了。

研究表明,3至12岁是年轻一代形成良好习惯的关键期。这个阶段的孩子认识和活动范围逐渐扩大,求知长技能的欲望强烈,容易接受成人对其行为的训练。因此,养成教育中极为重要的一个环节,就是抓住习惯养成的"关键期",对孩子的各种良好习惯进行培养,以便为孩子日后的学习和工作打下坚实的基础。家长、老师应该从小培养孩子的良好习惯:学习习惯、劳动习惯、卫生习惯、语言习惯、思维习惯等。

美国心理学家威廉·詹姆士说过这样一句话:"播下一个行动,收获一种习惯;播下一种习惯,收获一种性格;播下一种性格,收获一种命运。"从某种意义上讲,人的一切习惯都是从童年开始的。从小养成的良好习惯会伴随人的一生,时时处处都在起作用。

好的习惯是获得成功的基础和关键。因此,孩子从小就应该建立一种好习惯,通过教育,直至让习惯成为自然,终生不忘。

# 每个人都是自己命运的设计师

无可否认,相貌、恩宠、施展才华的机会、别人的死亡、出生逢时等这些外在的偶然事件,都可以促成一个人的幸运,但是命运还是掌握在自己手心。所以,有诗人说:"人人都是他自己'命运'的设计师。"

——《论幸运》

深山里有一位智慧老人,可以预测未来的命运。几个调皮的小孩想捉弄他,他们抓着一只鸟到老人那里,问老人:"你不是能预测未来吗?那你说我手上的这只鸟,是死的还是活的呢?"

老人回答:"如果我说这只鸟是死的,你手一松,这只鸟就会飞掉;如果我说它是活的,你会把它掐死。这只鸟的命运,掌握在你的手中。"

这只鸟的命运就是我们人生的命运,它就掌握在我们自己手中。我们每个人都是自己命运的主人,我们的人生是失败还是成功,都掌握在自己的手中。

贝多芬在28岁之时,先是双耳失聪,之后贫穷接踵而来,但他知难而进,紧紧扼住命运的咽喉,顽强地在音乐世界里寻找自己的希望,创作出不朽名作《命运交响曲》;法国现代科学幻想小说的鼻祖儒勒·凡尔纳,一生创作了一百多部作品,他的第一部小说《气球上的星期五》寄往15家出版社都被退了回来,但儒勒·凡尔纳并不气馁,最后,稿子终于被第16家出版社出版,从此一举成名;英国著名元帅勒菲弗向别人解释他的财产和好运时说:"你们不要嫉妒我,请记住,我是在枪林弹雨中、在出生入死中才达到你现在所发现的这种成功状态的。我起码冒过在非常近的距离内被敌人射杀1000次以上的危险。"

西班牙作家塞万提斯说得好:"勇敢者开拓自己的命运之路,每个人都是自己命运的开拓者。成功不是一件轻而易举的事,但也不是高不可攀。实际上在每个光彩显赫的人的后面都有一部辛酸的血泪史,只是他们成功的光环笼罩了一切,使你看不到背后的阴影,众人只知道羡慕、景仰他们,却不知他们为此付出的巨大代价。"

在大多数人眼中,成功的人总是受到上天的眷顾,只要发现有人在某一领域取得成功,他们就会很随便甚至用轻蔑的口气说:"这个人的运气真好,是好运帮了他!"这种人永远都不能了解一个真理:每个人都是自己命运的设计师。

著名文学家茅盾先生对宿命论的批判可谓一针见血,他说:"命运,不过是失败者无聊的自慰、怯弱者的嘲解。人们的前途只能靠自己的意志、自己的努力来决定。"

在洛克菲勒未涉足前,科利佛石油业一片混乱,百分之九十的炼油商已经快被日益剧烈的竞争压垮,如果不把厂子卖掉,他们就只能眼睁睁地看着自己走向灭亡。

洛克菲勒看准了这是收购对手的最好时机,

然而,在此时采取收购行动,似乎不太道德,但这的确与良知无关,企业就如同战场。于是,洛克菲勒决定先下手为强,以高出市值的价格,收购了对自己炼油厂虎视眈眈的强劲对手,取得世界最大炼油商的地位。同时，在以后不到两个月的时间里，他陆续收购了二十二家竞争对手，成为了那场收购战的大赢家。过了不到三年，他陆续征服了费城、匹兹堡、巴尔的摩的炼油商，成为了全美炼油业的最大企业。

洛克菲勒在给儿子的信中说道："我不靠天赐的运气活着，但我靠策划运气发达。我相信好的计划会左右运气，甚至在任何情况下，都能成功地影响运气。"

命运是由一连串的机遇联结而成的，自己的一生是否精彩，关键在于能否抓住这些机遇，唯有明了人生智慧的聪明人，才不会错失任何可能的机会，愚蠢的人一次次以种种借口错失良机，而聪明的人能够把仅有的机会利用到极限，甚至创造机遇。

人要想有所作为，就不能只是在原地等待幸运降临。世界上什么事都可以发生，就是不会发生不劳而获的事。要想让自己好运连连，就必须要精心策划运气。好的计划会左右运气，甚至能成功地创造运气。设计运气，就是设计人生。所以，与其等待运气来敲门，不如主动出门去找他。

尼采曾这样告诫我们：那些受尽苦难、孤立无援、饱尝凌辱的人，不要被妄自菲薄、自惭形秽压得抬不起头，你们唯一所能依靠的就是自己，是自己生命的力量。

人生是属于自己的，人人都有自己的人生低谷与高峰，但只有那些在崎岖的道路上不畏劳苦，勇于战胜困难，不为命运所屈服，始终抱定自己的目标不懈努力的人们，才能登上光辉的高峰。

"路漫漫其修远兮，吾将上下而求索。"成功从来都是和奋斗紧密相连的，而决不是命运的恩赐。要么你驾驭生命，要么生命驾驭你，你的心态决定你是坐骑还是骑手。我们都可以像《老人与海》里的老人那样，可以被消灭却不可以被打败。

# 愚忠不会带来好运

> 极端的爱国者或过度忠实的仆人从来都不是幸运的,也是不可能幸运的。因为如果一个人不为自己考虑的话,那么他就不是在走自己的路。
>
> ——《论幸运》

大家看完《水浒传》,都会对108位梁山好汉的悲惨命运感慨不已,如此真性情的好男儿却落得未能得善终的下场,令人捶胸顿足。

究其缘由,皆是拜宋江"愚忠"所赐。自宋江投身山寨身兼高位时起,就一心一意渴望朝廷招安,只为忠义二字,每当俘获朝廷命臣,都道"权借水泊里随时避难,只待朝廷赦免招安"。宋江看不清北宋穷途末路,最终亲手断送弟兄们的性命,却给谗言奸臣留下活路。

书中另外一个人物燕青,对于忠诚却有着与宋江截然不同的理解。他与卢俊义的关系是半仆半子的关系,为报卢俊义的养育之恩,他竭心尽虑,尽忠于卢俊义。但是,燕青的忠不是愚忠,他自己有自己的主张。他看到卢俊义行事不对的地方就犯颜直谏,不顾自己的得失,哪怕是受到卢俊义的误解也在所不惜。他看透朝廷的虚实,知道前途的险恶,他劝卢俊义弃官归隐,可卢俊义又不纳忠言,燕青就自己拜别而去。

忠国忠君一直是我国古代的正统思想,尤其是汉武帝"罢黜百家,独尊儒术"之后,这样的观念就深植人心。所谓君为臣纲,在国家大义面前,在万人之上的皇帝面前,个人的一切甚至生命都微不足道,以至于"君要臣死,臣不得不死",这种愚忠的思想已经在古时人们的脑子里根深蒂固。

事实上,这是对儒家思想的一种误读。孟子说:"君之视臣如手足,则臣视君如腹心;君之视臣如犬马,则臣视君如国人;君之视臣如土芥,则臣视君如寇仇。"君臣关系是对等的关系,虽然说"君为臣纲",但并不是绝对服从的关系。孔子也告诫士人"以道事君,不可则止"。而自古以来的愚忠之士却只知道"忠"而不识"道"。

有一次,楚军与晋军在鄢陵交战,双方龙争虎斗,一连几天相持不下。楚国国君楚恭王也亲自率兵参加这场血战,激战中,楚恭王身负重伤,只好鸣金收兵,暂回营中。

楚王的大将军司马子反,在前线奋战,又累又渴,一回到营帐就直嚷着要喝水。子反有个叫谷阳的仆人,平时对主人一向忠心耿耿,一见主人这样,赶紧搬来一坛酒让子反解渴。司马子反这个人向来嗜酒如命,一喝上酒,哪里还顾得上眼下正大敌当前,他一杯接一杯喝了个一醉方休,直至醉倒床上。

休战半日,楚恭王准备重新开战,便遣人来催子反。子反此时正醉意沉沉,哪里能起床打仗。于是仆人谷阳对来人说子反胸口痛,不能出战。楚恭王十分着急,便亲自到子反帐中探望,谁知竟看到子反醉卧在床上,顿时气得七窍生烟,按军法将司马子反斩首示众。

仆人谷阳后悔得不知所措,求楚恭王原谅子反,自己愿替子反顶罪。楚恭王冷笑道:"你作为仆人,一味只知道娇宠自己的主人,你的罪过也不轻。子反作为国家大将,误了国家大事,你顶替得了吗?"

忠诚是一种高尚的传统美德。忠诚是个人发展之本,立世之基。直到今天我们社会仍然需要忠诚,忠诚代表着诚实守信和服从。然而一味地忠诚,就会失去忠诚的本原意味,就会造成"愚忠",其过程是极其可笑的,其结果往往是可悲的。

"愚忠"的可悲就在于当可以被利用的时候,他的"主公"就会利用他,当他成为阻碍或者成为绊脚石的时候,其下场会比其他的圈外人更加可悲,这是"愚忠"悲剧色彩的必然。

《孙子兵法》有云:"将在外,君命有所不受。"这不止是怕有人假传圣旨,还有最重要的一点就是不接受远在千里之外、对战局毫不了解之人的命令,哪怕他是自己的国君,哪怕他非常的英明。

如今社会中,职员和军人一样,服从命令是天职,但是职员和老板的关系不是封建社会的君臣,而是坐在同一艘大船上,拥有相同方向的协作者。愚忠是不可取的。真正的忠诚,是行动而不是语言,真正的忠诚并不是放弃自己的个性和主见,并不是绝对和老板保持一个声音,更不是卑躬屈膝。不盲目服从老板命令是每一个职员的责任,是对自己的忠诚,也是对企业这艘大船得以顺利航行的忠诚。员工和企业都要相互信任和相互忠诚,这样企业和员工才能得到双赢。

## 强者是磨练出来的

突如其来的幸运,会把人变成投机家或见异思迁的人,经过千锤百炼后的幸运,则可以造就能干的人。

——《论幸运》

鹰的一生中,它的每次学习与生存都带有血腥:"母鹰减少喂食,让它们相互争食","母鹰把幼鹰推下山崖,折断它的翅膀,让它翅膀中的骨骼再生,最后达到坚硬如铁","母鹰用小鹰'自杀'式的方法让小鹰学会飞翔"等,一次次的磨炼,最后换来的是鹰在空中划出一道道漂亮的弧线,是学会拼搏、学会挑战、学会"适者生存"自然法则的磨炼。

泰戈尔曾说:"只有经历地狱般的磨练,才能练出创造天堂的力量;只有带血的手指,才能弹出世间的绝唱。"若把成功比作绚丽的蝴蝶,那么,磨练就是束缚蝶儿的蛹。化蛹成蝶,是蝴蝶必经的路,而接受磨练,则是成功的前奏。

世上没有天生的强者,强者是磨练出来的。一个人若要有所作为,就必须同对手竞争并超越对手。凡事要靠自己,改变命运更要靠自己。凡事需坚持,凡事需忍耐,凡事需付出,凡事需尽力。与弱者竞争,胜算当然大,但很难成为强者。只有与强者竞争,才能不断拓展生存的空间,才能成为真正的强者。

"玉不琢不成器",同理,如果一个人不经过生活的磨练,他就不会成熟,就很难有所作为。只有经过寒冬才能迎来春天,不经历风雨怎能见彩虹,只有经受住磨难的考验,才会有所收获。

以名句"先天下之忧而忧,后天下之乐而乐"传世的范仲淹,幼年丧父,家境贫困,但他从小便养成了爱学习的良好习惯,有时宁可不吃饭,也要读书。在长山居住时,他住在醴泉寺的僧房里,因为口粮不足,他便把仅有的一点粮食煮成一锅稀饭,待冷凝后,用刀划成几块,再切上几块咸菜,每顿饭各取一块充饥,坚持在僧房昼夜苦读,这样的生活持续了三年,这就是历史上有名的"断斋画粥"的故事。

长期苦读,终于使范仲淹获得了丰富的知识,掌握了治国安邦平定天下的本领，成为宋代著名的政治家、军事家、文学家。而他在逆境中顽强坚韧博击的精神，也同他的名作《岳阳楼记》一样，至今仍广为人们所传颂，并从中汲取战胜逆境的力量。

人生好似一条漫长的路，但是这条路并不平坦，前面也许有无数的艰险与磨难在等待你。人生在世，挫折与困难是不可避免的，同样也是不可缺少的，它是上天给予人的最宝贵的财富。

石成金在《传家宝》中也说："世路风霜，吾人炼心之境也；世情冷暖，吾人忍性之地也；世事颠倒，吾人修行之资也。大丈夫处世，不可少此磨练。"一个人在一生之中经历了风霜雪雨、人情冷暖、世态炎凉，才能磨练出坚韧不拔的性格，成为人生的强者。

德国大数学家爱米·诺德的一生从没有得到过幸运之神的眷顾，反而是充满了数不清的磨炼，她上了大学却因为是女性而倍受歧视，事业刚刚起步却遇到家庭社会的不幸，好不容易在数学领域取得令人瞩目的成就，偏又赶上第一次世界大战。尽管如此，她并没有怨天尤人，而是在常人难以忍受的磨炼之下取得成功，被后人称为"代数之母"。

处在艰难困苦的逆境中，成功的机会对每个人都是均等的，然而，并不是每个人都能获得成功。成功生存必然属于意志坚强者，一个人有了坚韧之志，就能战胜险恶的环境，就能在逆境中崛起。

人生需要磨练，古人早就认识到这一点。伟大的思想家孟子曾说："天将降大任于斯人也，必先苦其心志，劳其筋骨，饿其体肤，空乏其身。"这句话告诉我们这样一个道理：一个人要想有所作为，一定要经过一番艰苦的磨炼，磨练自己，需要耐得住寂寞和孤独。

历史上凡有雄心壮志和雄才大略的强者,都要经历"忍耐"二字。越王勾践经过卧薪尝胆的磨练,才有了复国复仇的结局;司马迁受宫刑,经过长达十年的心灵磨练,有了"史家之绝唱,无韵之离骚"的《史记》;华佗尝药,经历身心的磨练,才有了沿用到明朝的"麻沸散";李时珍著书,经过精神的磨练,才有了沿用至今的《本草纲目》;归有光经过八次的落地的磨练,才有《项脊轩志》这样的隽永文章;威灵顿公爵有了滑铁卢战役初期被迫坚守的磨练,才有了滑铁卢之战的胜利。

莎翁说:"在命运的颠沛中,最可以看出一个人的气节。"这是将磨炼视为财富的人的证言。作为我们人类,想要像鹰一样,敢于自我挑战,做一个生活的强者,就要学会不断地磨炼自己,在磨练中成长!

## 智者宜敛藏,反炫耀

聪明的人不会向别人夸耀自己的成功。为了减少别人的嫉妒,他们常把光荣归功于"命运的恩赐"。而且,能够得到命运护佑的,也表明了一个人的伟大。凯撒对暴风雨中的水手说:"放心吧,你所载的是凯撒和他的幸运!"而苏拉称自己为"幸运的",而不敢自称为"伟大"。

——《论幸运》

《菜根谭》里有"君子之心事，天青日白，不可使人不知；君子之才华，玉韫珠藏，不可使人易知"之语，意思是君子的内心像青天白日一般明朗，光明正大，没有一丝一毫的阴影与黑暗，但他的才华和能力却应该像珠玉一样深深地藏起来，不可轻易向世人炫耀。

古往今来，身份和地位越高的人，越要把自己的"身架"放下，只有这样才能赢得追随者的敬重和信赖。在世界上也是名声赫赫、几千年都受人尊敬的儒家创始人孔子，这么伟大、知识渊博的人，却说出了"三人行，必有我师焉"的诗句。昔日越王勾践若抱住身份不放，无卧薪尝胆的低姿态，那么就没有今天的"三千越甲可吞吴"的壮举。

《三国演义》中，刘备死后，有托孤之责的诸葛亮，反而不像刘备在世时那样运筹帷幄、满腹经纶、锋芒毕露了，一直都没有什么大的作为。究其原因，是在刘备这样的明君手下，诸葛亮是不用担心会犯忌的，并且刘备也离不开他，因此，他可以尽力发挥自己的才华，辅助刘备三分天下而有其一。

阿斗即位之后，刘备当着群臣的面嘱托诸葛亮："如果这小子可以辅助，就好好扶助他，如果他不是当君主的材料，你就自立为君算了。"诸葛亮顿时冒了虚汗，手足无措，哭着跪拜于地说："臣愿意竭尽全力尽忠贞之节，一直到死而不松懈。"说完，叩头流血。刘备再仁义，也不至于把国家让给诸葛亮，他说让诸葛亮为君，怎么知道没有杀他的心思呢？因此，诸葛亮一方面行事谨慎，鞠躬尽瘁，一方面则常年征战在外，以防授人以"挟制"的把柄，而且他锋芒大有收敛，故意显示自己老而无用，以免祸及自身，这是韬晦之计，收敛锋芒是诸葛亮的大聪明。

《道德经》中的"大智若愚，大巧若拙"，听起来好像是让人装笨装糊涂，其实不然，其中有着很深刻的为人处世的道理。隐藏自己的聪明，不做挨打的出头鸟。炫耀自己的人，从来都是优点打折，而缺点却暴露无遗。

这个道理就像是孔雀开屏——孔雀在开屏的时候，在炫耀自己绚烂羽毛的时候，往往也露出了最丑陋的屁股。如果你炫耀自己的聪明，你最愚蠢的一面就呈现在众人面前了。

在生活中我们不难发现，那些口若悬河、好出风头、心中藏不住半点秘密的人非常浅薄，时间长了也令人反感乃至厌恶，相反，那些看来口齿笨拙或者总是隐藏自己才干的人，却往往成竹在胸，计谋过人，更容易成功。过去说"宰相肚里能撑船"，是说大人有大量，这大量也包括深藏不露，胸中有百万雄兵，能藏得住秘密，不轻易显山露水。

成功的智者懂得藏锋露拙，低调谦卑做人。泰戈尔说过，当我们是大为谦卑的时候，便是我们接近于伟大的时候。真正有才能的人，都是谦卑的，只有这样才能达到别人所达不到的高度，才能够赢得胜利。博大精深，唯有谦虚之人才能体味。大海之所以成为大海，是因为它比所有的河流都低。

当一个人的成就发展到巅峰时，应保持清醒的头脑，克服浮躁，居安思危，自我警觉，更应该具有一颗防人之心，所谓"明枪易躲，暗箭难防"。低调可以使自己没有高高在上的感觉，可以保护自己，融入人群，与人和谐相处，在不显山不露水中成就了自己的事业。低调是一种成功者的大智慧、大境界。

# 恃才自傲的人往往不幸

那些公开把自己的成功归功于自己的智慧和才华的人,结局常常是不幸的。例如,雅典人泰摩索斯总把他的成就说成:"这决非幸运的赏赐。"结果他从此就不再顺利。

——《论幸运》

古人说:"君子要聪明不露,才华不逞。"如果一个人总是喜欢显露自己的才干,稍有名气就到处洋洋得意地自夸,喜欢被别人奉承,那么他必然会遭受很多的挫折。所以在现实生活中,当我们处于被动境地时,一定要学会藏锋敛迹、装憨卖乖,千万不要把自己变成对方射击的靶子。

聪明、有才华是好事,这是事业成功的资本,但是如果你把这当作向别人炫耀自己的资本,过分外露自己的聪明才华,那么终究会得不偿失,甚至会导致你人生的失败。

三国时的祢衡,书读得好,文章写得棒,恃才傲物,"见不如己者不与语",走到哪里都希望得到别人的尊重,如果稍有不逊,便破口大骂。不过,祢衡的朋友孔融非常看好祢衡,在曹操面前力荐祢衡。

一天,祢衡来到曹营,以为曹操会对他施大礼,让高座,敬重三分,没有想到曹操对他的态度与一般谋士并无二样。祢衡觉得自己没有受到应有的礼遇,于是便要为自己讨个说法,他在曹操面前把魏军中机智过人的谋士、勇不可当的将军都贬得一文不值。祢衡视别人为无用之物，却吹嘘自己"天文地理，无一不通；三教九流，无所不晓；上可以致君为尧、舜，下可以配德于孔、颜。岂与俗子共论乎！"

对这个目空一切的狂徒，曹操当然不会收留，于是就强行把祢衡押送到荆州，送给荆州牧刘表。在刘表那里，刘表算是很看重他，给予了上宾的待遇，并让祢衡掌管荆州官府所有的文件材料。但祢衡却因为自己的高傲，对刘表左右的人很是不客气，最后弄得怨声载道，所有的人无不被祢衡骂过，于是纷纷在刘表的面前说祢衡坏话，刘表只好让他走人。刘表知道江夏太守黄祖性格火暴，肯定容不下祢衡这样的人，就让祢衡去黄祖那里工作。

祢衡曾经和黄祖的儿子黄衡做了好朋友，这次祢衡就跟着黄衡来到江夏，黄祖也是久闻其才，让祢衡出席一些宴会。可是没几次，祢衡的老毛病又犯了，见谁都不顺眼，见谁骂谁，而且在宴会上对黄祖来了个全面的评价。这次，黄祖没有容忍他的狂妄，让手下人一刀结果了他的性命。

有才华的人是让人羡慕的，才华是你的终身财富，但把这才华用作傲人的资本就不能说是一件好事了，要深知人外有人，天外有天，恃才傲物如同炫耀一般终究遭人厌恶。俗话说得好："聪明反被聪明误。"

现实生活中，很多人急于表现自己的才智，希望得到认可，然而却不知，正是因为如此才导致他们四处碰壁、举步维艰的。

陈峰年纪轻轻就成为了一家银行的老板，并通过自己的能力，使银行各方面的业务都成为了同行业里面的佼佼者，吸引了一大批储户，市场的投资回报率竟达到了36%。这让陈峰颇为自傲，扬言要在三年内把储户数量再翻一番，同时还嘲笑其他银行没有竞争力，早晚要破产。

陈峰的不可一世惹来了同行的愤怒，于是有几家银行就联合起来,他们筹集了上百万美元资金,然后在陈峰的银行开了个活期存款,开了几百个户头。随后他们约定了时间,这些储户在一个月后同一时间集体去提款,在陈峰的银行大厅里排起了长长的队伍。在排队伍的同时,他们还在外面大放谣言,说陈峰的银行资金发生问题,从而引起别的储户的恐慌,纷纷向该银行提款,一时间,银行里挤满了提款的人。结果,陈峰的银行因无法兑现只好宣告破产。

人不可没有傲骨,但绝对不能有傲气,骄傲只会让你成为众人厌恶的对象。自信是好事,但是过分地自我感觉良好则是一种无知,很可能导致名誉扫地;才高也是好事,但如果处处显摆、自以为是就会伤人伤己;权重也是件好事,但如果骄傲自大,盛气凌人,远离群众,则惹人厌烦。所以,无论何时何地,都应该谦逊低调,放低姿态做人。

任何一件事情都需要从两个方面来考虑的,拿炫耀来说,原本是为了得到认可,结果却遭到排斥。那么就不妨从相反的角度来考虑:放弃炫耀,低调一些。尽管这不能满足你一时的虚荣,但却不会给你带来任何坏处。总的来说,这才是获取最大收益的处世之道。

真正聪明的人懂得待时而动,自己的才华与锋芒平时都含而不露,当需要时,适时地显露自己的才华,成就一番事业,在成功后懂得激流勇退,舍得功名利禄。所谓"花要半开,酒要半醉",当你志得意满时,且不可趾高气扬,目空一切,不可一世,要战胜盲目骄傲自大的病态心理,凡事不要太张狂,太咄咄逼人,让才华含而不露,适可而止,有所节制,在有效地保护自我后,又能充分发挥自己的才华,这是做人的一条重要原则。

## 量才而用

派勇敢的人去争辩,派巧言的人去劝诱,派机警的人去探询观察,派做事冒失的人去办一些稍亏于理的事。

——《论谈判》

清代有位将军,认为所有人都能在军队中找到适合自己的位置。他说瞎子听觉好,可以伏在阵地前听敌军动静;哑巴可以用来传递密信;瘸子可以来镇守炮台,等等。这种看法不无夸张,但是也反映出对人才要量才而用的原则。

正如一首古诗所言:"骏马能历险,犁田不如牛;坚车能载重,渡河不如舟。"人有所长,必有所短。选用人才时,就要用人所长,避人所短,量才适用,各得其所,使各类人才的才能与智慧真正用在刀刃上,充分发挥其应有效能。

三国时的庞统,不仅面貌怪异,而且性格也与常人不同。诸葛亮知道他才学满腹,所以把他推荐给刘备。但是刘备不仅不能接受他那丑陋的相貌,也接受不了他那怪异的性格,所以刘备只给了他一个不太重要的县份的县令让他来做。

但是庞统的怪异中有着超常的才能。他知道刘备只让他作县令,是瞧不起他,所以上任后,整日睡觉、饮酒,不理政事,这样混了很久。后来这事让刘备知道了,便让张飞等去检查他的工作,张飞等责备庞统有负刘备主公的旨意。

这时庞统就拿出了自己的本事,一天内处理完了全县三年内积压起来的诉讼案,表现出了超常的才能。这事让刘备知道了,明白自己小看了庞统,于是立即把庞统提拔到了更为重要的岗位。

金无足赤,人无完人。任何人有其长处,就必有其短处。有的人性格倔强,固执己见,但他同时必然颇有主见,不会随波逐流,不会轻易附和别人意见;有的人办事缓慢,手里不出活,但他同时往往办事有条有理,踏实细致;有的人性格不合群,经常我行我素,但他同时可能有诸多发明创造,甚至硕果累累。

孙策临死前对孙权说:"外事不决问周瑜,内事不决问张昭。"这是因为:周瑜年轻气盛,处理外事比较擅长,但对内部关系却处理不好;张昭老谋深算,但生性胆小,对内尚能处理,对外部只会投降。世界上没有十全十美之人,用人要尽量用其长,避其短,千万不要让豹子去捉老鼠。

李世民让封德彝举荐贤才。封德彝久无所举,李世民就责问他。他辩解说:"不是臣不尽心尽力,而是到现在为止,臣还没有找到奇才啊!"李世民当即就批评他说:"君子用人如同使用器物,各取所长。古时候的贤能王帝,岂是从其他时代借来人才而达到天下大治的?你应该检讨自己没有知人之明,而不应该污蔑这个时代没有贤能之士。"

在留给太子李治的《帝范》一书中,李世民教导说:"明智帝王用人,如同巧匠运用木材,直木用来做辕子,曲木用来做轮子,长木用来做栋梁,短木用来做边角,无论曲直长短,各有所用。明智帝王的用人之道也是这样,对于智慧高的人就利用其智谋,对于愚笨的人就利用其力量,对于勇敢的人就利用其威风,对于胆怯的人就利用其谨慎。无论智愚勇怯,都能加以利用。所以说,良匠手下无弃置不用的木材,明智帝王手下没有无用的人士。"

管理者不能认为,是金子放在哪里都会发光。金子是死的,他没有生命,而人才是活生生的。一粒饱满的种子,只有在肥沃的泥土中才能茁壮成长,如果你把它种在贫瘠的土地上,即使这粒种子的本质再好,也难以茁壮。员工身上的缺陷不可避免,只要你多动脑筋,巧加利用,员工的短处也能变成长处。

古人云:"君子所审者三:一曰德不当其位;二曰功不当其禄;三曰能不当其官,此三本者,治乱之原也。"管理者在用人方面,必须大胆与审慎并重,做到量才适用。小才大用,大才小用,都不是理想的用人之道,唯有量才适用,才能发挥人的最大能量。

纵观历史,凡能知人善任者都成就了一番事业。刘备用诸葛亮,使自己从一个布衣变成了一方霸主,三分天下有其一;刘邦用韩信击败了项羽,一统天下;唐太宗李世民善用魏徵等贤才,才使国泰民安、政通人和,造就了"贞观之治"。

清代学者阮元在一首诗中写道:"交流四水抱城斜,散作千溪遍万家。深处种菱浅种稻,不深不浅种荷花。"把种子散在最适宜生长的地方,方才喜得丰收果实。

要想让人才在单位发挥最大能量,取得最大利益,作为管理者就要掌握单位各类人才的专业特长,根据单位岗位设置情况,科学合理地选择优秀人才配备相应岗位施展其才能。把人才放在最适宜成长的位置,做到了知人善任,不仅是一种用人观念,更是一种智慧。

# 读书要有明确的目的

> 读书可以作为消遣，可以增添光彩，也可以增长才干。作为消遣，多在孤独寂寞时；增添光彩，见于高谈阔论时；获得才能，见于处世行事时。
>
> ——《论读书》

有些人读书没有具体目的，也没有具体要求，他们东翻翻西翻翻，一点没有紧迫感，没有压力，收获自然就很小。只有确定了明确的目的，我们读书才会有紧迫感，才能做到思想集中、思维积极，收获也就很大。

有目标才有动力，几千年来中国的知识分子一直把"修身、齐家、治国、平天下"作为治学的最高理想，所以才会有"悬梁刺股"这样刻苦读书的故事。

春秋战国时的苏秦出身农民，少有大志，曾随鬼谷子学游说术多年。后辞别老师，下山求取功名。他先回到洛阳家中，变卖家产，然后周游列国，向各国国君阐述自己的政治主张，希望能施展自己的政治抱负。但无一个国君欣赏他，苏秦垂头丧气，穿着旧衣破鞋回到洛阳。

洛阳的家人见他如此般落魄，都不给他好脸色，连苏秦央求嫂子做顿饭，嫂子都不给做，还狠狠训斥了他一顿。苏秦从此振作精神，苦心攻读，把头发束住吊在房梁上，用锥子刺自己的腿，"头悬梁，锥刺股"便由此而来。

一年后，苏秦掌握了当时的政治形势，开始二次周游列国。这回终于说服了当时的齐、楚、燕、韩、赵、魏六国合纵抗秦,并被封为"纵约长",做了六国的丞相。

读书有了目的才会有动力,读书的目的越明确,则效率越高。然而,由于读书的动机有差异,中国历代不乏"读书入学莫徘徊,可以升官又发财"的书生。很多人抱着"学而优则仕"的观念,认为读书是为了跳龙门,冲着"书中自有黄金屋,书中自有颜如玉"去的,很多读书人期望的是"十年寒窗无人晓,一举成名天下知"。正是这样的目的,让范进执着数十年读书科考,最后喜极而疯。

当然,苦读也并不一定是为了功名利禄,中国历史上有更多的志士仁人则是"风声、雨声、读书声,声声入耳;家事、国事、天下事,事事关心!"

近代中国在内忧外患之下,社会动荡不安,政治经济发展不平衡,国人为求进一步了解西方和世界,纷纷远涉重洋,为解决中国根本问题的奋斗历程做出了重大贡献。

周恩来总理早在少年时代就胸怀"为中华之崛起而读书"的远大抱负。1917年,19岁的周恩来为了寻求救国救民的真理,远涉重洋到日本留学。临行时赠给同学一首诗写道:"大江歌罢掉头东,邃富群科济世穷。面壁十年图破壁,难酬蹈海亦英雄。"表示他决心钻研社会科学,挽救国家的危亡,以古人那种"面壁十年"的刻苦精神,来改造当时的社会,即使壮志难酬,蹈海而死,也不愧为中华儿女,充分表现了他年青时代的远大抱负。

那个时代的学者也大都有这样的决心和历史使命感。地质学家李四光、数学大师苏步青、物理学家钱学森等,年轻时就为了谋求富国强民的道路到国外求学。学有所成后,他们想到的不是个人的荣华富贵、安逸享乐,而是"国家兴亡,匹夫有责"的神圣使命。他们放弃了国外优厚的待遇,毅然回到了当时灾难深重、贫穷落后的祖国,用他们的真才实学改变着我国落后的面貌,为国家的强盛建立了不可磨灭的功勋。

一个人如果有动机在背后激励着他，他就拥有了前进的动力，所以说，我们读书一定要明确自己的目的。有了实现理想的动机，就需要我们付出不懈的努力。在这个过程中，要不断地用自己订下的目标激励自己，这样一来，我们就有了前进的动力，在动力的驱动下，我们就可以充满激情地向成功的目标迈进了。

读书的三重目的——为知，为己，为人。为知，就是为了积累知识，增长学问、见识和智慧。为己，就是古人所说的修身正己，培养自己的人格、道德和情操。为人，就是热爱生活、勤奋工作，运用书中所学造福社会。

所以说，充实而有意义的人生，应该伴随着读书而发展。诚然读书的目的是拓宽人的视野，增长知识，锻炼才能，提高修养和欣赏水平，但更重要的是学会怎样做人和提高道德品质。"做人要从读书开始"。书读得好，人才做得好；不读书，虽然会做人，但是不够完美。所谓"人不学不知义"，不读书就不能明白道理，不明白道理就不能做一个好人。社会要有秩序，公众相处要能和谐，人人应做书香人士，若能如此，这个社会、这个国家必定有所为。

# 知识重在"运用"

机灵的人轻视学问，愚蠢的人羡慕学问，聪明的人则运用学问。知识本身并没有告诉人怎样运用它，运用的智慧在知识之外，又高于知识本身。这是技艺，不体验就学不到。

——《论读书》

掌握的知识再多,不会运用也是白搭。南宋陆游曾云:"纸上得来终觉浅,绝知此事要躬行。"读书贵在勇于实践,读书不能脱离实践,只有把读书与实践结合起来,才能获取真知。因为,书本身并没有告诉人怎样运用它,要运用它还得靠书本之外的东西。光读书不实践,等于是别人在代替我们进行思维和实践,我们只不过是重复其过程而已。一定要有自己的亲身实践,才能体会更深。所以,最好的方法就是"行千里路,读万卷书"。

据传说古代沧州有个书生叫刘羽冲,他得到一部兵书,就专心致志地读起来。一年后,自以为学成,自称从此可率十万兵马。恰逢当时他家乡土匪猖獗,刘羽冲就训练乡兵,前往征剿,结果是"全队溃复,几为所擒",土匪没剿成,自己差点当了俘虏。后又得到一本水利书,关起门来"伏读经年",还绘了图去游说州官,说自己能使千里之内皆成沃土。一个州官让他到一个村庄去试一试,结果他修建的水渠不仅没使百姓受益,反把大水引了进来,酿成大灾。从此,刘羽冲十分愁闷,摇首自语"古人岂欺我哉?"不久便抑郁而死。

读书如果没有一个正确的方法,也就是说能读书,而不会读书,就把书读死了。学是为了用,如果你学了满腹的知识不去运用,那就像一枚金币藏在了地下。你只有把它挖掘出来,并拿去使用才能体现出它的价值。学用结合,读书习知是借知而实智,智积而备用——学识是方法,实践是根本,以理论指导实践,通过实践证明理论,如此反复,以求升华。

知识无处不在,它来源于书本,又远远高于书本,就如书本来源于生活,又远远高于生活一样。知识不是空想,不是纯理论,它最终还是要落脚在生活中。一味读书而没有实践,那些书所给予你的,又是多么的空洞。一个真正的成功者,他不但是一个知识丰

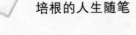

富的学者,同时还肯定是一个勇于不断实践,不断创新,从实践中不断吸取经验的人。

提起华人首富李嘉诚,几乎没有人不知道。有人说李嘉诚的成功在于幸运,在于机遇,但机遇是偏爱有头脑有准备的人的。曾有一个商人问李嘉诚:"李先生,您成功是靠什么呢?"李嘉诚非常肯定地回答说:"靠学习、不断地学习,并把所学的东西充分地应用到实践中。"

李嘉诚小的时候非常喜欢读书,他什么书都喜欢读。后来他来到了香港,做推销工作,他没有忘掉学习,他一面赚钱养家,一面还不忘博览群书。除了小说,文、史、哲、经济、科技方面的书他都爱读,因为他要了解前沿思想理论和科学技术。

李嘉诚回忆起这段经历时深有体会地说:"年轻时在兴趣的驱使下,如饥似渴地汲取知识,可那时表面谦虚,心里很骄傲。为什么骄傲,因为当别人去玩的时候,我在努力地学习,他们每天都在原地踏步,而我的学问日渐增长,可以说我后来事业的成功,是因为我把所学的知识都很好地应用到工作中了。事实证明当时学习的冲劲,对以后的事业发展有极大的帮助。"

学以致用是一种走向成功的能力,是一种使自己更轻松地前进的智慧。而不善于学习、不善于把知识变成能力的人,就会像无头的苍蝇四处乱撞,就会华而不实,很难获得真正的提高,这样的人,终其一生难成大事。

知识就是力量,但在知识得到运用之前,知识只能称作"潜在的"力量。只有将知识组织成明确的行动计划,并导向一个明确的目标时,知识才会成为真正的力量。知识本身并不能创造财富,除非将知识加以组织和运用,并通过实际的行动,以达到积累财富的明确目的。

只把知识装在脑袋里是不够的,而是要将学到的知识灵活的、创造性的加以运用,这样才能真正发挥知识的力量,在知识社会里,获得真正的价值。不过,知识的运用,也不是简单的事,必须经过思考和训练的过程。一般人看到水煮开了冒出蒸汽,想到的是煮开的水可以用来泡咖啡、泡茶或洗澡,但瓦特并没有受到传统和常规观念所困,他懂得进一步思考蒸气的用途。这就是创造性的运用知识。

## 尽信书不如无书

读书的目的是为了认识事物原理,不是为了提出相反意见和驳斥,但也不可过于迷信书本。

——《论读书》

读书需要有质疑精神,就如孟子所说的:"尽信书,则不如无书。"孟子的话,就是告诫我们不要迷信书本,对于书中所言,不仅不要轻信,还要多问几个为什么,进行一番仔细的甄别和思考。如果被书征服,便如培根所说,把自己的大脑当成草地,任别人的思想如马蹄一般践踏。那样的话,再好的书也将失去魅力和价值。

清代戴震指出:"学者当不以人蔽己,不以己自蔽。"意思是说,读书人头脑要清醒,不要让别人的观点蒙蔽住自己的思想,当然也别自己蒙自己。戴震后来能成为一代宗师,皆因他在童年时期就表现出这样一种本能。

据说他10岁时,老师教他读《大学章句》。读到一个地方,他问老师,怎么知道这是孔子所说而曾子转述的?又怎么知道这是曾子的意思而被其门人记录下来的呢?老师说,前辈大师朱熹在注释中就是这样讲的。戴震就说,朱熹是南宋时的人,而孔子、曾子是东周时的人,中间相隔约两千年,那么朱熹是如何知道这些细节的呢?老师无言以对。

这也恰如梁启超在《清代学术概论》中所言:"盖无论何人之言,决不肯漫然置信,必求其所以然之故。"古人曾这样总结:"读书贵能疑,疑乃可以启信。读书在有渐,渐乃克底有成。"

没有怀疑就没有超越,没有怀疑就没有创造。怀疑是一种基本的读书态度,也是一种勇敢的读书精神。读书时,要对书中的知识敢于怀疑,认真分析,这样才既能进入书中,又能跳出书外;既不盲目信古,也不轻信新学说。尤其是不能人云亦云,而要批判扬弃。

数学家华罗庚在休息之余爱读唐诗。他不光是读,还常提出疑问。唐朝诗人卢纶有一首《塞下曲》:"月黑雁飞高,单于夜遁逃。欲将轻骑逐,大雪满弓刀。"他读这首诗时,心中觉得纳闷:群雁在北方下大雪时早已南归了,即使偶有飞雁,月黑又如何看得清呢?于是就做五言诗质疑:"北方大雪时,雁群早南归。月黑天高处,怎得见雁飞!"此诗一发表,立刻被许多报刊转载。

过了不久,又有一些人提出反质疑,他们认为卢纶的诗是对的,而华罗庚的质疑是错的。理由是,唐朝时,许多边塞诗人都写过大雪天有飞雁的诗句,如高适写的:"千里黄云白日曛,北风吹雁雪纷纷。"少顷的"野云万里无城廓,雨雪纷纷连大漠。大雁哀鸣夜夜飞,胡儿眼泪双双落。"这样的反质疑有根有据,也颇能使人信服。

古往今来,有人埋头死读书,熬白了头发,却毫无建树。但也有人读书有疑甚至主动质疑,深入研究,从而获得成功。宋代著名学者陆九渊曾说:"为学患无疑,疑则进。"读书既要有大胆怀疑的精神,又要有寻根究底的勇气和意志,更要有科学认真严谨踏实的态度,如此才能真有收获。那种食而不化,只读书不求甚解的做法,潇洒是潇洒,只怕未必能于学问有所长进。

清代著名戏曲理论家李渔,儿时读《孟子》中的一句"自反而不缩,虽褐宽博,吾不惴焉",再看朱熹的注释:"褐,贱者之服,宽博,宽大之衣。"

李渔十分纳闷,因为他自小生长在南方,所见的"衣褐者"多是富贵之人。于是,他向老师质疑:"褐是贵人所穿,为何说是穷人的衣服呢?既然是穷人的衣服,那就当处处节约布料及人力,却为何不裁成窄小的反而却如此宽大呢?"老师默然不答。李渔一再追问,老师只是顾左右而言他。

李渔颇感失望,疑问数十年未解,直到远游塞外,才终于揭开谜底。原来塞外天寒地冻,牧民自织牛羊毛以为衣,皆粗而不密,其形似毯,所以"人人皆褐"。可是牧民为什么不知节约物力人力,一律穿那"宽则倍身,长复扫地"的"毯"式服呢?原来这种服装是日当蓝衫夜当被的,"日则披之服,是夜用以为衾,非宽不能周其身,非衣不能尽覆其足"。

明人陈献章说:"前辈谓学者有疑,小疑则小进。疑者,觉悟之机也。"叶圣陶先生也说过:"教任何功课,最终的目的都在于达到不需要教,自能读书,不待老师讲。"

读书做学问,怕的不是有疑难,而是终日读书没有疑问,书上说什么就信什么,是不会有进步的;书上说什么,不懂装懂,是无法进步的。知识并不等同于智慧,要真正使自己成为有智慧的人,必须学会思考。现实中的"书呆子"只因书读多了,思维能力渐渐丧失,结果只知按照书本办事,自然就成了呆子。所以,书读得太多,如果不用思维消化,的确不是一件好事。如果思维退化,非但不能使我们聪明,而且还会让我们变得更加愚蠢。所以,在开卷而读后,要掩卷而思。

疑能增进兴趣,读书如能以疑见读,其味无穷。大科学家爱因斯坦一生对读书始终兴趣十足,其中重要的原因就是他总是带着疑问读书。疑,常常是获得真知的先导,是打开知识宝库的钥匙。著名科学家李四光有句明言:"不怀疑不能见真理。"一般来说,大胆见疑与科学释疑往往是连在一起的,问题是在怀疑中提出的,又必然会在深入研究中解决,而问题的解决,便是获得真知灼见的开始。

读书贵有疑,可贵之处,就是解放思想,独立思考,敢于大胆地探索和追求。但是,提倡读书有疑,并非是不从客观实际出发,违背科学原理的胡猜乱疑。要疑的正确,疑的有长进,还要善于疑。否则,当疑时不疑,不当疑时又乱疑,那非但得不到任何知识和长进,还会把思想引上歪路,这决不是我们应取的学习态度。

## 不同之书,区别对待

书籍就如同食物,有些可浅尝,有些可吞咽,只有少数需要细嚼慢咽,认真品味。所以,有的书只要读其中一部分,有的书只须知其梗概,而对于为数不多的好书,则应当全读,精读,反复读。

——《论读书》

书海无涯,人生有涯。如果读书不做有效的限制,就好比大海捞针，耗尽终生也是徒劳无功，尤其是在当今知识爆炸的时代，一个人穷其一生也读不了百分之一二。所以我们要善于限制阅读范围，只有把有限的精力集中到一个目标上，才能易于取得成就，这与放大镜聚光的道理是相同，只有把分散的阳光集中起来，才能燃起熊熊的火焰。

爱迪生年轻时曾下定决心，要将图书馆的书全部读完。于是，他就从第一个书架的第一本书读起，依次读下去。以爱迪生的毅力而言，他完全可能成年累月地一直读下去。后来，管理员告诉他："读书要有选择，没有选择，收获就不大，因为时间有限呀！"爱迪生这才迷途知返，从此专攻自然科学方面的书籍，最终成为闻名于世的发明大王。

有选择地去读书，才能做到有的放矢，达到获取真知的目的。在中国文学史上，陶渊明、杜甫、欧阳修都是卓有成就的文学大师。然而杜甫就不喜欢陶渊明的诗，欧阳修也不喜欢杜甫的诗。陶渊明的诗甘美自然，杜甫的诗苦深凝重，风格迥异。如果让杜甫读陶渊明的诗，让欧阳修写杜甫体裁的诗，就会强人所难，根本难以成就文学高峰。

所以，读书需要做选择，应读精华，弃糟粕。清代曾国藩的读书方法为世人所推崇："不同之书，区别对待。应读之书宜缓宜熟；应阅之书宜速宜多。阅书如攻城，轻骑剽悍，所向无前。"

中国一代文豪鲁迅先生笔锋犀利，力透纸背。究其原因，与他的博览群书、方法得当大有关系。

对于经典的、于自己有用的书，鲁迅先生有"五到"法，即"心到、眼到、口到、手到、脑到"。"心到"，指精力集中，全神贯注；"眼到"，指细心浏览，目光敏锐；"口到"，指诵读朗读，声情并茂；"手到"，指勤用笔墨，勤记笔记；"脑到"，指善于动脑，勤于思考。用这种方法，就可以在短时间内把所读的内容牢记于心。

不仅要精读,鲁迅先生还主张浏览群书,博采众长,"必须如蜜蜂一样,采过许多花,这才能酿出蜜来,倘若叮在一处,所得就非常有限、枯燥了"。小说《狂人日记》,正是因为有相关的医学、生理学和心理学等知识,我们才觉得狂人的形象真实可信。鲁迅还主张不但要读中国的好书,也要读外国的好书,并且科学书籍也要多浏览,不要仅仅抱住目下流行的时髦书,甚至还要读"敌人"的书,做到"知己知彼,百战百胜"。

对于大多数专业外的书籍,鲁迅先生提倡多翻翻:"书在手头,不管它是什么,总要拿来翻一下,或者看一遍序目,或者读几页内容。"他认为这种方法可以防止受某些坏书的欺骗,还有开阔视野、拓宽思路、增长知识等好处。

俗话说:"开卷有益。"通常而言,这话是对的。只要读书就有好处,或从正面、或从反面增长见识;对工作,或直接、或间接都会有所裨益。不过这个"卷"要开得适度,这个广泛也应当有个前提,并不是每一种书籍都适合每一个人。山上有许多野菇,有有毒的和无毒的,采菇人如果不加区分一并采回,误食了有毒的,后果不堪设想。

读书也是一样,书籍有好坏真伪,精细不一;知识有利害损益,形形色色,良恶难分。有闭门造车之文牍,亦有异想天开之篇章。苦读精当之书,收效神速,有功倍之益。念伪劣之籍,终生受损而不知应当筛选。读书不专一,太博太杂不好,虽然增长了一些知识,拓宽了视野,但不深不透,不精不专,什么也成就不了。成就不了,就相当浪费了时间,浪费了青春。

宋朝开国宰相赵普,出身乡间,少时读书不多,做官后反复钻研《论语》,他说他是"半部《论语》治天下"。这话既自谦,也自夸,但也在一定程度上,反映了经典著作的"含金量"确实不一般。基于此,历代都有人像张之洞一样,为读书人"开卷"提出一些书目,作阅读的引导，帮助读书人在"岔路当中有岔路"的书山学海中，尽可能少走一些弯路。

"开卷"读书，需要拥有一种"取法乎上"的目标：多读具有生命力的经典名著，多读适合自己的有价值的书。歌德在谈到人的鉴赏力提高时说："鉴赏不是靠观赏中等作品而是靠观赏最好作品才能培育成的。"一本好的书，有如一盏神奇的灯，不过它照亮的不是黑夜，而是求知者的心灵。因此，多"开"经典名著之"卷"，可"以少少许胜多多许"，以最经济的时间，取最大的收获。

现在我们称为"经典著作"、"古典名著"的书都是经过时间考验流传下来的，这一类书就是值得精读的书。因为名著中所包含的思想和知识养料要比一本普通的书丰富得多，更是人类智慧的汇聚。对于这样的书，我们要多读，而且要反复读，才能领略到其中的精妙之处，吸收到自己所需的营养。

# 年轻有极限，改变不健康的生活方式

人在身强力壮的青少年时代所养成的不良嗜欲，到了晚年是会一并结总账的。年纪是不能赌气的，岁月不饶人，要注意自己年龄的增长，别以为自己永远可以做与过去同样的事。

——《论养生》

培根从小体弱多病，所以他在晚年著作其论说文集时专门写了一篇《论养生》的文章。尽管受所处时代局限，但其中仍然有许多闪烁着真知灼见的哲理,直达事物的灵魂,并且具有极高的推理价值,值得今天的人们研究和借鉴。

杭州有位小伙子姓徐,是名不折不扣的宅男。三年前,他大学毕业后,因为无心工作便开始了宅家生活。小徐是家中独子,家庭经济条件也不错,父母决定让他在家里休整一段时间再上班。没想到,他一宅,就是三年,每天对着电脑,玩得不亦乐乎。三年里,开始他还偶尔出门会会朋友,但是自己不上班,跟朋友之间的话题逐渐少了,他也就很少出门。在家里,他只喝可乐不喝水,每天都得喝上两大瓶,吃饭更是天天叫外卖宅急送。

有一天特别热,他突然觉得胸闷难当,被紧急送入了医院。医生发现,本来小伙子的心脏应该特别强壮,可是小徐的心脏却像老人一样虚弱,大面积心肌已经因为缺血梗死。尽管医生紧急进行了手术,但因为缺血时间过久,已经给心脏肌肉留下了不可恢复的损伤。

许多年轻人经常说,年轻就是本钱,他们自认为离死亡和衰老还足够远,所以肆意挥霍青春和健康。

但是在如今社会中,面对越来越激烈的社会竞争,他们的工作压力也越来越大。许多人每天除了繁忙的正常工作之外,往往还有没完没了的交际应酬、没完没了的加班,不仅长时间面对电脑,容易视觉疲劳,而且精神时刻紧张,唯恐落于人后。

好不容易下班了,许多人又无节制地"放松",用健康换"时尚",只顾在灯红酒绿、纸醉金迷中恣意挥霍着健康,午夜的酒吧、舞厅、歌厅、餐馆里,到处可以看见一个个看起来似乎永远不知疲惫的身影,暴饮暴食、吸烟酗酒及通宵达旦地打牌跳舞、唱卡拉OK更是成了一些年轻人的家常便饭。他们认为,前五天的劳累用周末的懒觉就可以补回来。

即使是那些早早回到家里面的年轻人,也没有几个人能乖乖

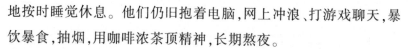

地按时睡觉休息。他们仍旧抱着电脑，网上冲浪、打游戏聊天，暴饮暴食，抽烟，用咖啡浓茶顶精神，长期熬夜。

俗话说："年轻时拿命换钱，老了拿钱买命。"这句话被很多人用来调侃自己的生存状态，可现实远比这残酷许多。近年来，时有正值风华正茂的青年猝死的新闻发生。

最近，年仅24岁的淘宝女店主在睡梦中猝死，这条令人心痛的消息已经在微博转发了上万次。"猝死"这两个字再次提醒年轻人，即使你有钱也不见得来得及买命。

女店主是一位青春、美丽的女孩子。据了解，她本将在今年10月步入婚礼殿堂。她最近一面在忙着经营网店，一面在忙活结婚装修房子，同时又在减肥。她曾发微博称自己身体不舒服，却不肯停下忙碌的工作。管店、客服、进货、做模特、设计，一条龙全部自己扛上身，经常通宵熬夜。医生用了一切可能用到的办法，依然没能挽留住这个年轻的生命。

某项调查显示：人的健康寿命，40%在于遗传和生存的环境条件，60%取决于生活方式。而目前职场人平均日工作时间为8.66小时，平均每天睡眠7.33小时，每周休闲时间为20.5小时。大部分职场人每周锻炼身体的时间甚至不到1小时。

"身体是自己的，再忙再累也要注意休息，不要再透支生命。"一位医生说，"现在的年轻人太不把身体当回事了，曾经有一位大学生在课堂突然晕倒，送到医院已经停止了呼吸。千万不要以为死亡离你很远，当你透支自己的身体时，死神可能就在你身边徘徊。"

健康永远是最重要的，而年轻人往往要等到疾病缠身时，才意识到健康对于人生的重要，可惜这时候健康往往早已经被他们透支殆尽，后悔也已晚矣！许多人，纵使有满身才华，遗憾的是，没有健康的身体，因此，尽管抱有远大的志向却无法实现，空留下壮志未酬的惆怅。

所以，年轻人要自觉地建立起有利于健康的生活方式，远离不良生活习惯，保持良好的心态。不要把个人的成功与否捆绑在金钱、权利、地位上，应该寻找更多自我满足的地方。只有自己先关爱自己，别人才会来关爱你。

"生命在于运动。""日行一万步，吃动两平衡，健康一辈子。"健康的生活方式是合理膳食和适量运动的统一。所以，年轻人要从现在开始行动起来，端正生活态度，积极主动的锻炼，合理安排三餐，保持身体的健康，健康快乐地赚取明天。

# 精神愉悦是最好的养生之道

常常保持心胸坦然、精神愉快，这是延年益寿的秘诀之一。尤其应当克服嫉妒、暴躁、焦虑、抑郁、怒气、苦闷、烦躁等情绪。

——《论养生》

人生在世，有数不清的幸福和快乐，亦有许多忧愁和烦恼。健康与快乐为伴，而忧愁却往往会带来疾病。情绪乐观开朗，可使人内脏功能正常运转，增强对外来疾病的抵抗能力。

古人的养生之道，在于宁心养神。《素向·上古天真论》记载："怡淡虚无，真气从之，精神内守，病从安来。"这就是说，心情平静，不动杂念，疾病便无从发生；同时还指出："内无思想之急，以舔愉为务，以自得为功，形体不敝，精神不散，亦可以百数。"这就表明，做到心情舒畅，安然自得，便会延年益寿。

在"人生七十古来稀"的古代，书画家却大都是寿星。唐初"四大书家"的欧阳洵活到85岁；以"夫子庙碑"传世的虞世南86岁；写"玄秘塔"的柳公权88岁，等等；近代书法家及画家长寿者更多，如吴昌硕85岁；张大千87岁；齐白石97岁等，2005年9月仙逝的启功活了90岁。

三国时养生学家嵇康认为："养生之道，惟重在养神。"何乔潘在《心术篇》中说："书者，抒也，散也。抒胸中之气，散心中郁也。故书家每得以无疾而寿。"唐代诗人韩愈在形容书法家张旭作书时说道："喜怒、窘穷、忧悲、愉快、怨恨、思慕、酣醉、无聊、不平，凡有动于心，必以草书发之。"

已故的当代书法家潘伯鹰先生曾说过："心中狂喜之时，写字可以使人头脑冷静下来；心中郁悒，写字可以使人忘掉忧愁。我以为延年益寿，这算妙方。"书法家苏局仙也曾说："写字要专心致志，全神贯注，这样能起到静心养性的作用。"鲁迅先生说的好，中国文字有三美：意美以感心、音美以感耳、形美以感目。练习书法时，观摩碑帖、揣其神韵，可以培养审美趣味和审美思想，同时能得到艺术享受，陶冶性情，静心养性。

"莫将身病为心病"，这是明代思想家王阳明的名言。意思不言自明，心理负担过重，心累对身体健康毫无益处。人们常说："肩上百斤不算重，心头四两重千斤。"情绪对健康的影响是极大的，"万病心中生"。

我们常常会有这样的体会，当我们处于良好的心理状态时，自己所做的事也会感到轻松不少，大大地提高体力和脑力劳动的效率；而消极的情绪，如愤怒、怨恨、焦虑、抑郁、恐惧、痛苦等，不仅无心做事，如果强度过大或持续过久，还可能导致神经活动机能失调。

赵朴初老先生《宽心谣》说，正因"日出东海落西山，愁也一天，喜也一天"，那就应该"遇事不钻牛角尖，贫也相安、富也相安，忙也乐观、闲也乐观"，方能"心宽体健养天年，不是神仙、胜似神仙"。

一个叫贝特丽丝·伯恩斯坦的老太太，她已经70多岁了，曾两次寡居，但她仍然尽情地生活——探望儿孙，读书，旅行，义务演出，过着快乐的一生。

"我已经过了生命的巅峰，但仍然享受下坡的快乐，我为自己创造了一个充实且愉快的生活。我在亚利桑那州立大学一起修课的同学，在我第二任丈夫于1982年被诊断为结肠癌时，成为我的支持团体。"

"借助青年旅行的计划，我和同龄人一起环游世界，他们和我有同样嗜好，也需要伙伴。自退休后，我所进行的最有价值的计划，就是参加'圣约之子'为以色列'活跃退休者'所举办的为期三个月的节约活动。活动中，我在内坦亚的东正教看护中心担任祖母的角色，要照顾从18个月到3岁的小孩子。没错，有时工作很烦很累，但是能提供服务，付出爱以及得到爱，这为我带来一种就像照顾自己亲生孩子般的快感。"

在伯恩斯坦太太76岁生日时，满屋的朋友共同举杯祝福她："祝您活到120岁！"伯恩斯坦太太的笑绽开了额头的皱纹："我也许刚好可以活到那么老，就剩下了44岁了。"

俗话说：笑一笑，十年少。笑声不仅可以解除忧愁，而且可以治疗各种病痛。微笑能加快肺部呼吸，增加肺活量，能促进血液循环，使血液获得更多的氧，从而更好地抵御各种病菌的入侵。

笑声还可以治疗心理疾病。印度有位医生在国内开设了多家"欢笑诊所"，专门用各种各样的笑："哈哈"开怀大笑、"哧哧"抿嘴偷笑、抱着胳膊会心地微笑，等等，来治疗心情压抑等各种疾病。

在美国的一些公园里都辟有欢笑乐园,每天有许多男女老少在那里站成一圈,一遍遍地哈哈大笑,进行"欢笑晨练"。

养生贵在养心,保持愉悦的心情是养生的最高境界。不良心境如同毒草,长期处于其中,无疑会使机体抵御疾病的能力下降,破坏自身的身心健康。因此,无论你处于人生的顺境还是逆境,不妨常做一下"健心操",学会驾驭心境,将烦闷、孤寂、内疚等统统赶走。这样,同样的事物,就会从"无可奈何花落去"变作"人闲桂花落,鸟鸣山更幽"。

## 不要忽视身体的小毛病

无病时不要滥用药物,否则疾病降临,药就可能不生效了。但也不要忽视身体中的小毛病,应当注意防微杜渐。当有病时,就要努力恢复健康。当健康时,则应当经常从事锻炼。许多体力劳动者在生病时容易较快地恢复健康,说明锻炼对增强体质是多么重要。

——《论养生》

冰冻三尺,非一日之寒。任何一种疾病在发作之前都是会有前兆的,有些人就是因为不注意,或者知道了也不在意,才让小病"长"成大病,以至于到了"不治"的地步。所以,生活中一定要留意自己身体发出的一些健康情报,做好防治工作,这样才能拥有一个健康的体魄。

42岁的著名演员傅彪因肝癌于2005年在北京辞世,让喜欢他的观众不胜唏嘘。大器晚成的傅彪凭借自己的努力,最终从冯小刚贺岁片中走来,走进一线演员行列,被誉为"平民影帝"。

但出于对工作的极度专注,傅彪终日不停地奔波在不同的片场,待在家的时间屈指可数。平时身体有点不舒服,都是忍一忍就过去了,直到被确诊为肝癌晚期。虽然不久就在北京武警总医院接受了肝移植手术,但是因为癌细胞的扩散,恢复效果一直不甚理想。

有专家说,与其说是这个疾病还不如说是过度的劳累要了他的命。如果及时就诊,凭借现代技术,医生们完全可以使他康复。但他一次次地忽视了自己身体的问题,失去了可以挽回的机会,这是非常令人痛惜的。

如今社会,"亚健康"已是职场人的通病。由于工作的需要,他们熬夜、加班、陪客户吃饭、陪领导暴饮,还不到三十岁,就已经有了将军肚,开始脱发早秃;他们开始忘记熟人的名字,做事经常后悔、易怒、烦躁、悲观,睡觉时间越来越短,醒来也不解乏;经常头疼、耳鸣、目眩,检查也没有结果。

亚健康其实就是病前状态、临床前期、疾病先兆,出现亚健康就是给健康亮了黄灯,但是只要注意还是可以恢复的。可悲的是,许多职场人士却在亚健康的沼泽里越陷越深,最后失去了健康甚至生命。

自从单位的体检结果出来后,崔亮的心情就一直很沉闷,因为体检结论上赫然写着的"肺部有阴影,建议复查"几个字,扰得他心烦意乱。以前就听说过,有不少人都是在体检时查出了问题,这一次,难道自己也摊上了?那些"阴影"会不会就是肿瘤?他迟迟不肯去复查,其实是害怕查出什么。想到自己还正直壮年,如果真的有病,那以后……崔亮实在不愿再想下去了。

崔亮的异常很快引起了家人的注意,见实在瞒不下去,他才对妻子如实说了。妻子一听就急了:"如果真有病,这样拖着不是更耽误治疗吗?应该尽快去复查啊!"于是,在家人的催促下,崔亮去医院详细地做了检查。医生发现他的肺部尽管有肿瘤的前期征兆,但暂时没有发生严重的病理性病变,情况还很乐观,进行药物治疗就可以,并说如果每天坚持服药,改善生活习惯,就可以有效地控制病情,不会发生变异。

听完医生的诊断,崔亮悬着的心终于放了下来。打那以后,他每天都及时吃药,并定时进行复查,随时关注身体的各项检查结果。最近,崔亮又一次去体检,他肺部的"阴影"在逐渐缩小。医生说,这和他积极地配合治疗有着密切的关系。

据了解,在每年各单位组织的体检中,都能检查出相当一部分人的身体存在"隐藏"的疾病,并且,近年来这种情况呈逐年上升的趋势。如果体检后,对于检查结果十分重视,发现问题马上和医生沟通,进行二次检查,并进行相关治疗,将会及时控制可能发生的病变。而有些疾病如果得不到有效控制,就很有可能在短时间内发生严重的病变。

"有病早治,无病早防。穷莫信命,病莫忌医。瞒病必死,瞒债必究。"这些都是古人总结出来的宝贵经验。

我国医学十分重视"有病早治"。两千多年前《黄帝内经》就已论述了这一医学原则,并付诸医药实践。而《史记·扁鹊仓公列传》中,名医扁鹊三劝齐桓公有病早治的故事,更充分地说明了有病不及早发现、及早治疗后果之严重。

有病早医这一指导思想一直为我国历代医家所重视和应用。元代著名医学家朱丹溪进一步发挥这一理论说:"尝谓备土以防水也,苟不以闭塞其涓涓之流,则滔天之势不能遏;备水以防火也,若不以扑灭其荧荧之光,则燎原之焰不能止。其水火既盛,尚不能止遏,况病之已成,岂能活软!"进一步充分说明早期发现和早期治疗的重要意义。

俗话说:"小病不治成大病,大病不治难保命。"许多人在享有健康的时候,他们是不会真正领悟到健康的宝贵的;只有在身患疾病或者失去健康的时候,他们才最真切地体会出健康的价值。所以,我们平时一定不要忽视自己身体的小毛病,一旦出现不适,要及时到医院检查,并且要学会管理自己的身体,主动出击,定期检查身体,才能轻松地与健康同行。

## 再愤怒,也不要恶语伤人

要使一个人生气但不至于招致祸患,需要特别注意两点。第一,不可恶语伤人,这不同于一般牢骚,尖刻的语言会和下犯毒之种;第二,不可因怒而轻泄他人的隐秘,这会使人不再被信任。

——《论怒气》

有一个男孩脾气很坏,常常向别人发火。这个男孩的父亲就给了他一袋钉子,告诉他,每当他发脾气的时候,就钉一根钉子在后院的篱笆上。第一天,男孩在篱笆上钉了5颗钉子,第二天,钉了3颗,每天钉钉子的数目越来越少。渐渐地,男孩再也不乱发脾气了。他父亲又告诉他,每当他能控制自己的脾气的时候,就去拔一根钉子。终于有一天,钉子被男孩全部拔完了。他父亲带他来到篱笆边,告诉他说,钉子全部拔完了,但是,篱笆上的疤痕却永远不会消失。你生气的时候说的话就像这些钉子一样，在人心里永远留有疤痕。

《增广贤文》有一句"利剑割体疮易合，恶语伤人恨不消"，意思是刀割的伤口很快就会愈合，但要是用言语伤的人，心理的伤口就不会那么容易愈合了。

怒火攻心时，人们往往挑难听的说，一口唾沫一个坑，只图发狠、解气，只图一时痛快，完全不计后果，事后悔不当初。盛怒之下，人成了情绪的奴隶，很可能会作出不理智的决定，给自己和他人带来麻烦。

古人说："喜时之言多失信，怒时之言多失礼。"语言是最有杀伤力的，是最不能胡乱说的。一个人在盛怒时所说的话，容易伤害到别人，也容易造成摩擦，所以如果我们能忍一时之气，就不会造成无谓的纷争。就像拳头，不要急着打出去，才能凝聚力量；眼泪，不要轻易流出来，才是真正的悲愤。一时的气话往往会造成不堪设想的后果，因此千万不要在盛气之下轻易发言，能忍一句，自然祸根从此无生处。

所以，喜怒之时当慎言，我们应该吸取教训，善于控制自己的情绪，不可胡言乱语，以避免不必要的麻烦和争端，说话者应该保持冷静，才能说出恰到好处、动听的话来。

张彪常找机会诋毁黎元洪。在一次宴会上，张彪话里带刺："想当年，黎元洪在军中不守军规，被我当众罚跪、摔帽子。如今，这么不懂规矩的人，居然也坐在这里。"黎元洪很生气，说话却极为平静："确有此事。"

后来，黎元洪辅佐镇统制官张彪，负责军事训练。几个月后，张之洞到军中检查，见军中事务皆有条理，就夸赞黎元洪："你很有能力，可成大事。你治军有方，当记大功！"黎元洪却说："这都是张制统的部署，我只不过执行了张制统的命令，何功之有？"张彪听后心里十分感激，二人关系开始逐渐融洽。

愤怒实在是处世的大忌，是做人的大敌。因为愤怒，我们常常言语失礼，说话偏激、过头甚至绝情，结果既伤害了别人，也伤害了自己。因为愤怒，情绪常常失控，说话不免偏激狂妄、尖酸刻薄；因为愤怒，常常图一时之快，说话往往过头绝情、反唇相讥；因为愤怒，常常忘记礼仪，开口容易出言不逊、放荡不羁。等到怒气消退，才发现自己说了不少难听的话，说了许多不该说的话，说了一些伤人心的话，得罪了朋友，亵渎了友谊，损伤了情面，那时又往往后悔不已、自责不已。

我们不要被别人的情绪控制，要学会调整自己的情绪。不分是非曲直、话不投机，动辄发火、争执，是一种没有涵养的表现。心平气和，以理服人，不可放纵心头无名之火，否则既伤害他人又伤害自己。

当你感觉忍不住发泄怒气时，就闭上嘴，因为盛怒时的舌头像把利剑，容易刺伤人。你可以深深吸一口气，让舌头在嘴里转两下，在心中默念"不要发火，息怒，息怒"，然后把气慢慢地吐出来。重复做三次，你的心情就会恢复平静。或者，离开所在的地方，去安静地待会儿，让自己的愤怒冷却一下，并且不再思索引发愤怒的事情，这样就可以达到平息愤怒的效果。

常言道："良言一句三冬暖，恶语伤人六月寒。""舌头"并无所谓的好坏，关键在于我们如何利用舌头说话。同样的一句话，结果却是天壤之别。好话，能引起别人善心；坏话，会激起别人恶念。多说一句好话，多添一分和气；少说一句坏话，减少一分烦恼。

其实，生活中好多的冲突是不必要的，只是当时人的情绪不稳定造成的。如果我们多想一想后果，就不会发生这样的事情。怒时之言不失礼，这是一种气度，这是一种品质，这是一种智慧，这是一种能力。有道是："小不忍则乱大谋。"所以愤怒之时，行为尤其需要克制,说话尤其需要谨慎,要顺其理,合乎情,行于思。慎思慎言,才能免生祸端;恭敬谦卑,才能杜绝伤害;宽容厚道,才能容纳百川。

## 虚荣可以成为前进的动力

对军官和士兵而言,虚荣心是一种不可或缺的东西。铁可以把铁磨利,同样,借助于虚荣,勇气也是可以相互磨利的。在冒着资财或身体之危险的大事业中,掺杂一些虚荣心强的人,的确能给事业注入活力。而那些天性厚重庄肃的人,则有似压舱物而不类风帆。在学问的名声方面,若没有一些夸耀的羽毛,则这种名声的飞腾是很慢的。

——《论虚荣》

英国著名政治家及文学家特菲尔德勋爵在《教子信札》中说:"虚荣也许是一种人类最普遍的心理。我不是说它是最好的原则,我承认,在某些情况下,虚荣心是犯傻甚至犯罪的根源。但是,它又常常是做正确事情的原则,尽管应当有比它更高尚的动机,但考虑到人的天然本性,从事情的效果来看,虚荣心还是值得鼓励与珍视。"

的确,虚荣是一朵带刺的玫瑰,过度的虚荣,会让虚荣心盲目膨胀,付出惨重代价。我们经常可以看到很多受了骗的人,就像《伊索寓言》里的那只乌鸦,为了得到一点虚荣,被狐狸轻而易举地骗走一块肉；还有些人为了虚荣而弄虚作假，就像沾满了孔雀毛的乌鸦，它终归也无法掩饰自身的丑陋。但是如果把虚荣心控制在不至于危害自己和别人的范围内，它就会成为我们前进的动力，为我们的人生加分。

前英国首相丘吉尔走进英国下院的吸烟室，他身边是一位新当选的议员。那名议员向他发问说："首相先生，我想知道，究竟是什么力量使您投身于政治，并且如此成功呢？""虚荣心，年轻人！是赤裸裸的虚荣心！"丘吉尔毫不犹豫的回答让这位议员大为吃惊，正是这个充满虚荣心的丘吉尔，以他的坚韧、战略的远见、不朽的时势艺术，联手苏联和美国，在二次世界大战中挽救了英国，挽救了全世界；而且更令人不可想象的是，这个杰出的政治家，一生中竟然著有26部共45卷著作，《英国民族史》甚至为他赢得了诺贝尔文学奖。正是这个充满虚荣心的丘吉尔，成为了无可争议的英国历史上最伟大的人物。

培根在对虚荣心的论述中，列举出苏格拉底、亚里士多德、盖伦这些伟人，说他们都是虚荣心非常强的人。他说，虚荣心确实是使一个人留名的一种助力，西塞罗、塞奈喀、小普利尼的名声若不是与这些人本身的某种虚荣心连在一起的话，也不会经久如新的，这种虚荣心就如同天花板上的一层油漆一样，它使得那天花板不但能够发亮而且能够持久。

托尔斯泰说过："没有虚荣心的人生几乎是不可能的。"就个人奋斗而言，虚荣是个人上进的动力。人的一生难免面临逆境，物质与金钱激励可以鼓励人的意志，追求荣耀也会促使人一步一步走上事业的顶峰。连虚荣心都没有，就根本不可能有自己的追求和理想，也不可能有进步。

潘磊是某大型房地产公司的董事长，说起他成功的秘诀，潘磊只说了一句："我的家庭经济条件并不好，但我要成为真正的富人。"潘磊出生在贫穷人家,技工毕业后分配在一家工厂做工人。平日里看到很多人衣着光鲜,生活优越,他就发誓一定要拥有这些。就是这样一位"穷小子",变成富人的虚荣心使他耐不住寂寞,干起了个体户,做服装生意,在20世纪90年代初,便成了百万富翁。手中拥有的百万资产,使潘磊致富的野心更大,投资开办服装厂,又投资房地产,财富增长呈几何级数。十多年的打拼,"身价"已是数千万元,单是每年房产的租赁收益就有60多万元。但他仍野心勃勃,要把公司做大做强,成为上市公司。可以说,是虚荣心使潘磊美梦成真。

为了满足自己的虚荣心,就必然得有一种强烈的上进心及在做一件事情时的深思熟虑,依此努力地朝目标迈进,苦心经营,就必然能孕育出良好的结果来。若一个人不具有希望被认同、渴求被赞赏的心理,他就会变得对任何事都抱持漠不关心的态度,甚至再也无法实际做好任何事情。追求荣耀可以使人能够经受磨练、战胜困难并勇于接受挑战。人们可以为可能到来的机会做准备,但是人却不必盲目地去追求捷径。

如果一个人懂得了世界之博大与个人之渺小,他就会持久不懈地去努力,就不会因为一知半解而沾沾自喜。如果一个人能够在这些方面光明磊落,就会省掉很多装模作样的麻烦,人的一生自然也就能够有很多进步。

有人说中国人"好面子",虚荣心太强是中国经济人文发展路上的一大阻力,其实,"好面子"本身未必是坏事,"好面子"与进取心可能就是一墙之隔。如果能够把"好面子"转变为进取、变革的动力,那么,这就是最内在、最深刻的动力。无数的创新、成功、进步都是源自于"不服气、不认输"等浅显却本能的动力,某种意义上,正是"好面子"背后的内在动力,推动着人类的进步、国家的富强、组织的发展。

然而荣耀也会使人沉沦,悲剧英雄的历史一般可以分为两大部分——事业顶峰之前与事业顶峰之后,所以荣辱不惊才是真英雄之气概。我们正确对待虚荣心,虚荣心就可以成为自身前进的动力,切不让虚荣心盲目膨胀而导致惨重代价。

# 自夸的人虚荣心强

自夸必然会煽起竞争。一切自夸者必然好吹嘘,因为只有吹嘘才能满足他的虚荣心,所以好吹嘘者必不能保守机密。

——《论荣誉与名声》

如果一个人老是喜欢吹嘘自己,直接原因是虚荣心作祟,不能正确认识自己,不知道自己到底几斤几两。爱好自我炫耀的人,常常是外强中干的,他们的目的只不过是为了引起大家对他的关注,以满足自己的虚荣心。

比如,有些人对于某种学问技术不过初窥门径,还未登堂,更未入室,居然自命为专家,到处宣扬,煞有介事的样子;有些人对他的自身经历,说得津津有味,某事是他做的,某计划是他拟的,某问题是他解决的,好像他是足智多谋的万能博士;有些人的事业并无什么发展,他却说如何有把握,手中的货物如何充分,某批生意赚多少钱,一副成功在握的样子;还有些人与某一位名人实在并没有多少关系,他却对人说某人如何器重他,某人如何看重他,某事曾和他商量过……这些都是自我吹嘘的表现,这些人终究会被他们的吹嘘所累,害人害己。

斑鸠强占了小喜鹊的窝,看着无家可归的喜鹊,斑鸠开心地说:"你可知道谁是鸟中之王?"

小喜鹊胆战心惊地说:"您是鸟中之王!"斑鸠满意地飞走了。不久斑鸠又啄光了小麻雀头上的毛,然后傲慢地问小麻雀:"你可知道谁是鸟中之王?"

小麻雀吓坏了,结结巴巴地说:"当然您……您是鸟中之王。"

斑鸠这下神气极了,它真的把自己当作鸟中之王了,耀武扬威地飞来飞去,见到一种鸟就向其炫耀自己的身份。迎面碰到了老鹰,它又问老鹰:"你可知道谁是鸟中之王?"然后得意扬扬地等待着回答。

可是它没有听到老鹰说它是鸟中之王的回答,只看到老鹰扇了一下翅膀,它感到一股强风向自己袭来,然后就重重的从空中跌落在草丛里。它听到老鹰在它头顶恶狠狠地说:"这下你知道谁是鸟中之王了吧。"

自我吹嘘的动机是表示他了不起,骗得大众的信任或者借此提高他的身份和施其某种诡计。自我吹嘘的出发点有虚浮不实的嫌疑,真正实力雄厚的才是王者,光靠嘴上功夫是吹不出实力的。

本来,你是个什么样子,能够做成什么和已经做了什么,都客观地存在着,别人皆看得一清二楚。自我吹嘘、自我欣赏一下,无非是担心自己的长处、优势鲜为人知,以致名不彰、声不显。有本事要让别人去说,不能老王卖瓜自卖自夸,不知收敛、吹嘘自己的人,当真相被揭开时只会颜面无光、威风扫地。有真本事也不要挂在嘴上,俗话说"群众的眼睛是雪亮的",你有几斤几两,旁观的人心知肚明。因此还是收敛一下嘴上功夫,用行动说话最好。

生活中,有许多妄自尊大的人,比如有的人刚当上个小小的什么官,就仿佛自己做了皇帝;有的人刚发了一点小财,就仿佛自己成了亿万富翁；有的人刚有了点小名气，就以为"老子天下第一"。这种人目空一切，自我膨胀，好像生来就高人一等，无人可比。这类人在虚荣心的促使下，失去了对自我的客观评价，他们觉得这个世界上"唯我最大"，"舍我其谁"，一副不知天高地厚的样子，说大话，吹大牛，以示自己是多么的与众不同和出类拔萃。

民国初年，福建闽侯人林庚白幼年聪慧，被称为神童，自负诗才横溢，自夸自大，以中国第一诗人自居。他在其诗集的《自序》中写道："囊余尝语人，十年前郑孝胥今人第一，余居第二。若近数年，则尚论古今之诗，当推余第一，杜甫第二，孝胥不足道矣。"林庚白的夸大狂妄以至于此，因此，汪东乃戏赠一诗，诗中曰："杜陵称小弟，李白是前身。"大家听了林庚白的自吹自擂，无不引以为笑。

喜欢自我吹嘘的人很容易给人以不实在的感觉，给人留下不好的印象。喜欢自我吹嘘的人经常会有意无意地贬低别人。有时候，你并没想到要贬低别人，但在说话时一味强调自己，旁人听了就会感觉到你在抬高自己、贬低旁人。喜欢自我吹嘘的人也容易自我陶醉，容易得意忘形，也容易忽视别人。稍微有点能耐的自我吹嘘者很是自以为是，在自我陶醉时，当然也最容易忘乎所以，导致做事的过程中漏洞百出。

人最忌讳高估自己，失败来自自不量力，愚蠢的人总是自夸自大，不可一世聪明的人总是虚怀若谷，严于律己。自知才能把握方向，自知才能不断上进。人要客观地认识自己，对自己的长处、短处都要有一个客观的认识，既不要过高地估计自己，也不要无视自己的短处。这样，当自己在生活中暴露出不如人的短处时，就不至于采用夸张、吹嘘、甚至戏剧性的手法来满足自己的虚荣心了。

是金子，无论在哪里都会发光。如果你有才华，那么就无需炫耀自己，无需哗众取宠，无需靠别人的眼光来证明自己的存在。有些人为了满足自己的虚荣心，总好炫耀和表现自己。其实，你若真有本事又何须炫耀？

## 被嫉妒说明你优秀

嫉妒之毒眼伤人最狠之时，正是那被嫉妒之人最为春风得意之时。

——《论嫉妒》

英国国王爱德华八世，也就是那位风流倜傥的温莎公爵，少年时代就读于英国皇室的海军军官学校。

有一天，教官发现小王子躲在学校的角落里哭泣，经再三询问，才知道小王子被几个同学轮翻踢了屁股。教官请踢人屁股的学生说说理由，学生们支吾了半天，才说出了一个令教官哭笑不得的理由：他们希望将来成为皇家海军军官的时候，可以骄傲地对下属夸耀，自己曾经踢过国王的屁股。

这经典的"踢屁股"于是成了小人心态行为的代名词，这种心态行为因其可笑而不无可爱之处。

无疑，"踢人者"不会因踢人而伟大，被踢者亦不会因被踢而渺小。人们常说：你嫉妒别人说明你无能；你被别人嫉妒说明你卓越。对于庸人和蠢才，别人不会嫉妒也不屑于嫉妒。对某些嫉妒者最好的回答是——让他更加嫉妒。如果你有这种觉悟，就不至于被人"踢伤"。

中国有古话道："人言可畏"，"唾沫可以淹死人"。的确如此，很多杰出的人才就断送于此。著名的演员阮玲玉就是一个典型的例子，她的成功及美貌受到许多人的攻击，她始终就没有摆脱流言的缠绕，也没有正确地面对别人的流言和嫉妒。

面对嫉妒者的中伤，最容易做出的也是最下策的反应就是反唇相讥。这样，你会因为别人的无聊，自己也变得无聊，甚至有可能陷入一场旷日持久、使心智疲惫又毫无意义的纠葛。拜伦说过：爱我的我抱以叹息，恨我的我置之一笑。他的"这一笑"，真是洒脱极了，有味极了。对嫉妒者的中伤，最妙的回答是——让心灵安详的微笑。

当你确实认可了这个观念后，接下来要做的事就是保持沉默，继续干你自己想干的事。沉默往往显得你看不起那些攻击，而这也正是你的本意，这实际上是对那些人的迎头痛击。

如果你被别人踢，或者被人攻击，请记住，他们之所以要做这种事，只是因为这能使他们有一种自以为重要的感觉，这通常意味着你已经有所成就，而且值得别人注意。

舒婷大学毕业后进了一家公司。作为刚到单位的新人，她表现得很积极，也很努力，领导也对她的能力十分认可。没想到的是，她这样做却招来了一些同事的嫉妒，其中更有一位是这里的老员工，她总是处处挑舒婷的毛病，从没有过好脸色，遇到一点小事都大声张扬，好像怕别人不知道舒婷做错了一点事情一样，渐渐地很多同事都开始疏远舒婷。

舒婷从小家庭环境好，没有受到过什么委屈，再加上之前没有参加过工作，所以她实在容忍不下去了，虽然不甘心离开单位是因为被一个老同事挤兑，但是最终却迫不得已辞去了工作。

培根说："一个后起之秀是招人嫉妒的，尤其要受那些贵族元老的嫉妒,因为他们之间的距离改变了。别人的上升足以造成一种错觉,使人觉得自己仿佛被降低了。"

前辈表面上嫉妒心强,其实是有危机感。你越是出色,能力越强,对他的威胁越大。面对职场上的嫉妒,你就要把心态调节好,做到低调再低调,把握好分寸,表面上装傻充愣,暗地里培养能力。凡事多问他,就是懂的会的也装不会,去向他讨教,啥事你都抢着替他做,只要让他感觉到你对他无法产生威胁,那他就不会在你身上找茬挑刺儿了。

鲁迅先生这样描述嫉妒的人:"这种人就像很矮的人,总是瞪着不示弱的眼睛,千方百计地想把别人也拉矮,同他们穿一个号码的裤子。"嫉妒不但是一种卑下,也是一种无聊。嫉妒者应该明白:能够被嫉妒毁灭的人,其实根本不太值得嫉妒;而嫉妒无法毁灭的人,嫉妒只能使他更加出色。

对于别人的嫉妒,要客观对待,不妨冷静思考一下,风言风语是怎么引起的,对或不对。有些逆耳的挖苦,也可能会说到自己的短处,有时比和颜悦色的批评更一针见血,击中要害,要善于从冷嘲热讽中发现和汲取对自己有用的东西。

俗语说:"身正不怕影子斜,脚正不怕鞋子歪。"要想摆脱被人嫉妒的苦恼,最根本的是:自己的胸襟要宽,气量要大,不去斤斤计较,仍旧保持坦诚的态度与人相处,不疏远嫉妒自己的人,也许别人对你的嫉妒也就随之瓦解。

恶言的批评通常是变相的恭维,一个人越成功,嫉妒他的人就会越多,嫉妒成功者的人在不知不觉中赞扬了成功者。在取得成功和荣誉时,不可居功自傲,冷落了别人。相反,真诚地感激大家,让大伙一同分享荣誉,虚怀若谷,就会得到众人的拥护、支持,不至招来嫉妒了。

一个有崇高美德的人,他的美德愈多,别人对他的嫉妒将愈少。所以说,要减少别人对你的嫉妒的唯一途径就是:丰富和完善自己,拉大你和嫉妒你的人的差距,把嫉妒者的挑剔看成是帮你找差距,变嫉妒为动力。

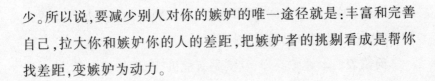

# 越是身边的人越容易嫉妒

彼此越了解,这种嫉妒心将越强。人可以允许一个陌生人的发迹,却不能原谅一个身边人的上升。近亲、同事之人,最容易在平辈发达的时候嫉妒他们。因为平辈人的幸福最容易显示出他们的不良,使他们受到打击。

——《论嫉妒》

嫉妒,它往往发生在一个具有可比性的很小的范围内,遵循越相近越嫉妒的规律。比如一个办公室的同事之间,同学之间,同乡或者是最要好的朋友之间,有时甚至是兄弟姐妹。

培根在论嫉妒中提到,该隐只是由于嫉妒就杀死了他的亲兄弟亚伯。培根所说的该隐,是夏娃与亚当的长子,他由于上帝看重了他的弟弟亚伯的供品,因为嫉妒他杀了他的亲兄弟亚伯。

类似的案例并不少见——

春秋战国时庞涓与孙膑同学兵法,庞涓嫉妒孙膑的军事才能,用砍去两腿的酷刑加害于孙膑,最后被孙膑设计射死,为天下人耻笑。三国时期,周瑜与诸葛亮同为军事奇才,但是周瑜心胸狭窄,容不得人,在"赔了夫人又折兵"后,哀叹"既生瑜何生亮",吐血而死。从历史人物的前车之鉴中，我们应该明白嫉妒心过分滋长的危害。

有一名到美国留学毕业后留在美国工作的中国人，在历尽艰辛困苦之后，终于凭借自己的坚韧，在自己创业的道路上小有成就，在周围的华人圈子中也小有了名气。但突然有一天，美国警察光顾他的公司，并将他带走协助调查，原因是有人举报他参与违法的活动。调查结果是举报不实，他也很快被放了出来。但刚刚步入正轨的小公司却经不起折腾，很快垮了下来。他怎么也想不出自己会遭此横祸，用心调查了一下：原来是和他一块到美国，还经常一块坐坐的最好的哥们举报的他。他问那人是为什么，那人也很干脆："就是因为我们一块出来，你发达了，我怎么有脸去见别的朋友，必须把你拉下来。"面对这样的阴暗心理，他感到无比郁闷。

人们往往不能容忍周围的人超越自己半步，看得见，摸得着的"成功"最能刺激你的神经。所以嫉妒最容易发生在自己最熟悉的圈子里。普通老百姓一般不会嫉妒美国总统，不会嫉妒世界首富，往往是太多的羡慕而已。但我们却不能容忍周围的人超越我们半步。

彼此越了解，嫉妒越强烈。这就是有的人允许陌生人发迹而不能理解身边人进步的心理原因。在一个单位，如果谁立功受奖或职务提升，立马就可能遭到周围一些人的嫉妒。因为他的某种优越表现往往恰恰映照出另一些人的某种不足。

在单位，云和芳关系非常好，姐妹俩几乎可以说是形影不离：梳同样的发型，化同样的妆；中午两人在一个饭盒里吃饭；谁要是说了云一句什么她不爱听的话，芳准得跟那人没完；芳要是想拿谁开个玩笑，在一边敲边鼓帮忙解脱的肯定是云。

前些日子，单位准备竞岗，云和芳两人的岗位要合并成一个岗。尽管表面上看两人还是很要好,可实际上两人都偷偷较起了劲。比如云在电话里给芳说办公室里的事,芳便赶紧说:"先这样吧,回头再说。"匆匆挂了线;在别的办公室闲聊时,不知是谁说云干活特麻利,不料芳却说:"麻利是麻利,可保不准会出错,太快了肯定就不细了。"要在以前,芳是绝对不可能这么说的。

两个月后,竞岗的结果公布了:云上岗,芳转岗。中午在食堂吃饭的时候,大家再也看不见两人坐在一张桌子上吃饭了。迎面碰上两人总是一个脑袋扭向左、一个脑袋扭向右,都不约而同地加快了脚步,神情漠然地匆忙而过,仿佛在躲避瘟神一般。时不时的,会有人告诉云,芳在她背后说她什么来着,芳也能听说云说她的"坏话"……

心理学家告诉我们,嫉妒产生于相近的业界和区域,冲突往往源自利益的纠缠。每个人的利益均有其半径,当利益相交、相争夺时,便会产生嫉妒。这不光是对于个人,对于集体、国家、社会亦如此。嫉妒还与竞争强度、个人竞争欲成正比。在一个毫无竞争的地方,当然不会有利益冲突,也就无所谓嫉妒了。

每个人都难免会有些嫉妒心在作怪,所以,每当我们看到别人发生不幸的时候,有时候幸灾乐祸的感觉就会油然而生。这种情况,最常发生在那些与我们有利害关系的人身上。如此一来,我们就会觉得似乎又少了一个竞争的对手了。

但是,我们却忽略了他人在成功之前,可能付出的汗水与努力,因此,每个人都应该反省自己,与别人相比,自己是否也同样地努力过。"眼红"的时候,试着马上改变思路,将妒忌心转换成对他人的美好祝愿。理解他们成功背后的尽力、运气和奋斗,真心祝福他们,用他们的成功激励自己。

一位哲人说过的话:"谁要是不承认有自己力所不逮者,有比自己更完美更强者,有比自己更漂亮者,谁就永远在欲望的深渊里痛苦挣扎。"因此,要想消除嫉妒心理,就必须学会正确的比较方法,辩证地看待自己和别人。"尺有所短,寸有所长",一个人只要能看到别人的长处,虚心地学习,就不会去嫉妒别人;同时,也要相信自己,扬长避短,就能够不断地进取。

嫉妒害人,生气不如争气,努力提高自己是唯一出路。人生很重要的是不断超越自己,战胜自己。每个人的能力可能会表现在不同方面。我们要相信自己,找到自己的特长,明确人生目标。不要因为别人早早取得成功而心灰意冷,甚至轻易改变自己方向,相信自己一定会走出一条成功之路。

 ## 功劳越大,越要防人妒

骄傲自大的人,最容易被人嫉妒。他们总想在任何方面都显示自己的优越,或者大肆铺张炫耀,或者力图压倒一切竞争者。其实,真正的聪明人倒宁可给别人的嫉妒心留下点余地,有意让别人在无关紧要的事情占占自己的上风。

——《论嫉妒》

不要以为自己立了功,就有了讨好君上,争宠求荣的法宝和资本。事实上,立了功,其实是很危险的事情。要不历史上怎么有那么多人,功成就身退了呢?立了功,的确说明你是有才华,有智慧的,可是你绝对不能居功自傲,独享荣誉,而要恰到好处地把功劳让给上司。否则小心上司给你安个"居功自傲"的罪名把你灭

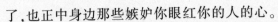

了，也正中身边那些嫉妒你眼红你的人的心。

三国末期，西晋名将王濬于公元280年巧用火烧铁索之计，灭掉了东吴。三国分裂的局面至此方告结束，国家又重新归于统一，王濬的历史功勋是不可埋没的。岂料王濬克敌致胜之日，竟是受谗遭诬之时，安东将军以王濬不服从指挥为由，要求将他交司法部门论罪。又诬王濬攻入建康之后，大量抢劫吴宫的珍宝。

这不能不令功勋卓著的王濬感到畏惧。当年，消灭蜀国，收降后主刘禅的大功臣邓艾，就是在获胜之日被谗言构陷而死，他害怕重蹈邓艾的覆辙，便一再上书，陈述战场的实际状况，辩白自己的无辜，晋武帝司马炎倒是没有治他的罪，而且力排众议，对他论功行赏。

可王濬每当想到自己立了大功，反而被豪强大臣所压制，一再被弹劾，便愤愤不平。每次晋见皇帝，都一再陈述自己伐吴之战中的种种辛苦以及被人冤枉的悲愤，有时感情激动，也不向皇帝辞别，便愤愤离开朝廷。他的一个亲戚范通对他说："足下的功劳可谓大了，可惜足下居功自傲，未能做到尽善尽美！"

王濬问："这话什么意思？"

范通说："当足下凯旋归来之日，应当退居家中，再也不要提伐吴之事，如果有人问起来，你就说：'是皇上的圣明，诸位将帅的努力，我有什么功劳可夸的！'这样，别人能不惭愧吗？"

王濬按照他的话去做了，谗言果然不止自息。

喜好虚荣，爱听奉承，这是人类的弱点，作为一个万人注目的帝王更是如此。有功归上，正是迎合了这一点。你想谁不愿意功劳卓著？尤其是作为君主，哪个能容忍臣下的功劳超过自己呢？

被赞为"指挥皆上将，谈笑半儒生"的徐达出生于一个农民家庭，儿时曾与朱元璋一起放过牛。后来成为朱元璋众多谋臣中的一个，为一代王朝的开国皇帝立下了汗马功劳。

在其戎马一生中,有勇有谋,用兵持重,为明朝的创建立下了赫赫战功,深得朱元璋宠爱。但是,就是这样一位战功赫赫的人,却从不居功自傲。徐达每年春天挂帅出征,暮冬之际还朝。回来后立即将帅印交还,回到家里过着极为俭朴的生活。

朱元璋在私下对他说:"徐达兄建立了盖世奇功,从未好好休息过,我就把过去的旧邸宅赐给你,让你好好享几年清福吧!"朱元璋的这些旧邸宅,是其登基当吴王时居住的府邸,可徐达就是不肯接受。朱元璋只好请徐达到这个府邸饮酒,将其灌醉,然后蒙上被子,亲自将其抬到床上睡下。徐达半夜酒醒后问周围的人自己住的是什么地方,内侍说:"这是旧内。"徐达大吃一惊,连忙跳下床,俯在地上自呼死罪。朱元璋见其如此谦恭,心里十分高兴,命人在此旧邸前修建一所宅第,门前立一牌坊,并亲书"大功"二字。

在中国历史上,权臣夺取皇权或挟天子以令诸侯,甚至皇袍加身的例子也不鲜见。所以,历代皇帝总是在政权到手后,视功臣为最大威胁,千方百计收回其权力。"杯酒释兵权"已算是非常"客气"了。"狡兔死,走狗烹;飞鸟尽,良弓藏;敌国破,谋臣亡"这些都成为皇权统治下残酷的事实。

作臣下的,最忌讳自表其功,自矜其能。凡是这种人,十有九个要遭到猜忌而没有好下场。当年刘邦曾经问韩信:"你看我能带多少兵?"韩信说:"陛下带兵最多也不能超过十万。"刘邦又问:"那么你呢?"韩信说:"我是多多益善。"这样的回答,刘邦怎么能不耿耿于怀!

做人居功自傲,无异于引火烧身;不骄不卑,才是保全自己的良策。因为,念念不忘自己长处的人,常常会使别人想起他的短处。

"凡论人有要:矜物之人,无大士焉。彼矜者,满也。满者,虚也。满虚在物,在物为制也。矜者,细之属也。"《管子》中的这段话告诉我们,凡是能够做出一番伟大事业的人,没有一个是具有骄矜之气的人。那些骄傲且飞扬拔扈之人常常表现出自满、孤傲,而这些正是他们自己空虚的表现。

"伴君如伴虎",是古人总结出来的至理名言。懂得如何与领导相处、明哲保身,充满着智慧的结晶。一些人自以为有功便忘了上峰,总是讨人嫌的,特别容易招惹上司和君上嫉恨。把功劳让给上司,才是明智的捧场,是稳妥的自保。

# 没有比较,就没有嫉妒

嫉妒总是由自我的比较得来的,没有比较的地方就没有嫉妒,因此帝王除了受帝王的嫉妒外,不受其他人的嫉妒。

——《论嫉妒》

嫉妒总是来自以自我与别人的比较,如果没有比较就没有嫉妒。所以皇帝通常是不被人嫉妒的,除非对方也是皇帝。

的确,生活中人与人总是有差别的。有差别就有比较,有比较就难免会有人产生嫉妒。不论多么聪明的人,一旦染上"嫉妒"的病毒,其所作所为就容易失去理智。

举世闻名的大化学家戴维,发现了法拉第的才能,并将这位铁匠之子、小书店的装订工招到皇家学院作他的助手。法拉第进入皇家学院后进步很快,接连搞出多项重要发明,就连戴维失败的领域他也取得了成功。然而，当法拉第的成绩超过戴维之后，戴维便燃起了嫉妒之火，有意一直不改变法拉第实验助手的地位，还诬蔑他剽窃别人的研究成果，极力阻拦他进入皇家学会。这大大影响了法拉第创造才能的发挥。直到戴维去世，法拉第才开始其真正伟大的创造。戴维本应享受伯乐的美誉，却因嫉妒心理阻碍了法拉第的迅速成长，给科学发展带来了损失，也使自己背上了阻碍科学发展、使科学蒙难的恶名，留下了令人遗憾的人生败笔。

比较容易产生自卑，好嫉妒的人的特性是"自大，自私"，见不得别人好。有的人，自己有的，不能让别人有；自己有好的，不能让别人的比自己更好；自己没有的，更不会让别人得到。

一个外出的商人托老乡把点心带回村子交给自己的孩子。老乡问你的孩子怎么认出来啊？商人说就是长的最漂亮的那个，结果老乡回去就把点心交给自己女儿了。有些人就像白雪公主的后妈那样，如果听到有人夸赞谁比自己好，心理就难受，这就是嫉妒心作怪。

如果真的要进行比较，那么就应该与自己比较，用自己今天取得的成绩与自己昨天的成绩进行比较，再与自己能够预测的明天的成绩进行比较。只要自己是在不断进步，哪怕取得的是微不足道的进步，也是自己的胜利，是任何人无法剥夺的。

阿瑟·华卡是美国一位平凡的农家少年，但是他非常好强，一直很嫉妒那些商界的成功人士。有一天，阿瑟·华卡在杂志上读了大实业家亚斯达的故事，他很嫉妒亚斯达能有这样巨大的成功，但又转念一想，再怎样嫉妒都不可能像他那样成功，何不向他请教，并得到他的忠告呢？这样自己或许也能取得向他那样的成功。

于是他跑到了纽约，早上7点就来到亚斯达的事务所。一开始，亚斯达觉得这少年有点讨厌，然而一听少年问他"我很想知道，我怎么才能赚到百万美元"时，他的表情变得柔和并微笑起来，两人竟谈了差不多一个小时。随后亚斯达还告诉华卡该怎样去访问其他业界的名人。华卡照着亚斯达的指示，遍访了那些曾让他嫉妒的一流的商人、总编及银行家。得到成功者的知遇，给了他自信，他开始化嫉妒为奋进的动力，仿效他们成功的做法。

过了两年，这个20岁的青年，成为当初他做学徒的那家工厂的所有者。24岁时，他成了一家农业机械厂的总经理，就这样，在不到5年的时间里，华卡就如愿以偿地赚到了百万美元。后来，这个来自乡村的少年，又成为一家银行董事会的一员。

美国作家威廉·福克纳说过："不要竭尽全力去和比你优秀的人去竞争。你应该在乎的是，你要比现在的你强。"成功并不意味着比其他人都强，而是比从前的自己更出色，我们用来比较的最好的标准就是从前的自己。你比从前的自己进步了吗？你的工作比过去更称心吗？你的生活比从前更美好吗？这样的比较会激励我们前进，成为最好的自己。

有研究表明：自我价值确认越是倾向于社会标准，就越容易引发嫉妒；越是倾向于内在标准，就越会减少嫉妒。每个人的优势和劣势不尽相同，简单地与别人比较往往会导致片面的看法。当别人超过自己而处于优越地位时，你若是聪明者就应当扬长避短，寻找和开拓有利于充分发挥自身潜能的新领域，以便能"失之东隅，收之桑榆"，这会使我们缩小与嫉妒对象的差距，从而达到减弱乃至消除嫉妒心理的目的。

比较是一种非常愚蠢的态度，因为每一个人都是独一无二的，都是不可比较的，放弃比较，嫉妒就会消失，卑鄙就会消失，虚伪就会消失。

一个为工作和追求忙得不可开交的人，是没有时间去嫉妒别人的。一个人的生活目的不是为了抓住别人死死不放，也不仅仅是为了超过别人。世界上总有人拥有的比你多，也总有人不如你。妒忌心起时，不妨看看周围那些不如你的人，那么一定能够感激你目前所拥有的一切。

## 善于引导与转移话题

真正精于谈话的人，是善于引导话题的人。同时，又是那种善于使无意义的话题转变方向的人。这种人可以算是社交谈话中的指挥者。

——《论言谈》

也许并非每个人都擅长言谈，但是对自己感兴趣的话题，每个人都能侃侃而谈，而且充满了激情。比如，你跟一个爱好汽车的人谈汽车，他必然会口若悬河。相反，你跟一个热爱游戏的人谈书籍，他将会非常反感。因此，谈论别人关心的事是一种博取对方的好感和维系这种好感的最有效的方法。当你试图与一个人建立良好的关系的时候，不妨多和他聊聊他感兴趣的话题。

格莱特先生一直试着把面包卖给旧金山一家饭店。一连三年来，他每天都打电话给该饭店的经理。他也去参加该经理的社交聚会。他甚至在该饭店订个房间，住在那儿，以促成这笔生意。但是他都失败了。

格莱特先生说:"在研究过做人处世之后,我决心改变策略。我决定要找出那个人最感兴趣的是什么——他所热衷的是什么事物。"

"我发现他是一个叫做'美国旅馆招待者'的旅馆人士组织的一员。他不但是该组织的一员,由于他的热忱,他还被选为主席。不论该组织在什么地方举行活动,他一定会出席,即使他放下酒店的工作。"

因此,当格莱特再见到那家酒店的经理的时候,格莱特开始谈论"美国旅馆招待者"的那个组织。格莱特得到的反应真令他自己都吃惊:"多么不同的反应!他跟我谈了半个小时,都是有关他的组织,语调充满热忱。我可以轻易地看出来,那个组织是他的兴趣所在,是他的生命之焰。在我离开他的办公室之前,他'卖'了他那个组织的一张会员证给我。"

格莱特根本也没提到面包的事。但是,几天之后,他的饭店的大厨师却打电话给格莱特,要格莱特把面包样品和价格送过去。

"我不知道你对我们顽固的经理做了什么,"那位大厨师见到我的时候说,"但你真的是把他说动了。"

俗话说:"酒逢知己千杯少,话不投机半句多。"遇到一个和自己有共同话题的人,往往能够很快接受对方。而遇到一个和自己没有共同话题的人,往往半句话也不想与他说。说对方关心和感兴趣的事就是要激起对方谈话的欲望。

一个懂得说对方关心和感兴趣的事的人,往往能和所有人建立良好的关系。美国前总统西奥多·罗斯福就是这样一个人。哥马利尔·布雷佛写道:"无论对方是一名牛仔还是一位骑兵、纽约政客或外交官,罗斯福都知道该对他说什么话。"

说对方关心和感兴趣的事并不是那么容易就可以做到的,我们必须花时间去了解这个人。只有真正了解了这个人,我们才能把握其感兴趣的事情。罗斯福就是这样做的。每当有人要来访的前一天，罗斯福都会翻读客人特别感兴趣的相关资料。

总而言之，当你去了解一个人的爱好与兴趣时，你就能很快弄明白他喜欢什么方面的东西。而如果你在这方面的知识非常渊博，自然可以与对方相谈甚欢。记住：当我们对别人感兴趣的时候，就是别人对我们感兴趣的时候。

交谈过程中，由于话不投机或不善表达，也常出现冷场的情况。冷场无论对于交谈、聚会，还是议事、谈判，都是令人窘迫的局面。在人际关系中，它无疑是一种"冰块"。避免冷场是谈话双方共同追求的。万一出现冷场时，要尽量地采取有效措施，积极应对。在人际交往中，一旦发现自己选择的话题不受欢迎，应立即转移话题，不要毫不知趣地继续下去。

另外，当你身陷困境之时，你必须寻找合适的时机摆脱尴尬。而恰当地在话题间进行转换，能保证事情按你的要求与意愿发展下去。

汉章帝时，有一位志士叫第五伦，深受章帝信任，章帝便让他做了司空。其职位相当于后世的宰相。由于第五伦为人正直，奉公守法，尽职尽责，深得人们爱戴。当然，也不可避免地要得罪一些人。

一次，在面君的时候，有人当众问第五伦：

"你有没有私心？"

这句话实乃是绵里藏刀，无论他怎样回答，都会对他不利。

于是，第五伦不慌不忙，从容答道：

"过去，有一个人有求于我，便要送给我一匹千里马，但是被我拒绝了。此后，每当朝廷让我们三公选荐人才的时候，我心里总是想到这个人，不过，我始终没有举荐他。

我哥哥的儿子病了，我一天探望十次，回到家躺下就睡了。我儿子生病了，虽然我不去探望他，可是，却一整夜的睡不着觉。这样看来，我还是有私心的。"

培根说："谈别的事情，要像乐师那样，乐师看见别人跳加利亚舞时间过长，就换别的曲子奏。"转移话题，是调节紧张气氛的有效手段。

同时，话题转换还可以运用在其他场合。比如对方对你所讲的话题不感兴趣，没有耐心时，你可先放下正题不谈，而从他感兴趣的问题下手。等他进入状态后，再将话题转移回来，往往会取得良好的效果。

不过，在转移话题时，要做到"形散神不散"。话题主旨始终不变，不可不着边际，随心所欲，风马牛不相及。

总之，要在人际交往中如鱼得水，就应该掌握说话的技巧。谈话中要善于从别人的兴趣出发，投其所好，引导话题的走向。关于个人的话题应尽量少讲。同时，在谈话陷入僵局时机智周旋，巧妙转移话题，力求皆大欢喜。

## 幽默有分寸，小心踏入对方禁区

单调无聊的谈话让人生厌，因此善于言谈的人都是幽默的。但幽默，并不意味着拿一切事物来打趣。例如，关于宗教、政治、伟人，乃至别人的苦恼，等等，决不可以拿来取笑。

——《论言谈》

掌握幽默的分寸是非常重要的。轻松幽默地开个得体的玩笑，可以松弛神经，活跃气氛，营造出一个适于交际的轻松愉快的氛围。因而，幽默的人常常受到人们的欢迎与喜爱。但是，开玩笑要掌握好分寸，否则就很可能适得其反了。

某公司老总年过五十，却娶了一位二十出头的年轻妻子，并且结婚才两个月，就生了一个小孩。这位老总为孩子摆满月酒，亲戚朋友都赶来祝贺。老总一个要好的朋友也来了，这个人心直口快，而且很爱开玩笑。今天这种场合他也没有例外。

这位朋友为孩子准备的礼物是纸和铅笔，他亲自把礼物交给刚当上爸爸的这位老总，老总谢过了他，并且问："孩子才满月，现在给这么小的孩子赠送纸和笔，不太早了吗？"

"当然不早"，这位朋友笑着说，"您的小孩儿太性急。本该九个月后才出生，可他偏偏两个月就出世了。再过五个月，他肯定会去上学，所以我才给准备了纸和笔。"他此话刚说完，全场轰然大笑，令老总夫妇无地自容。本来很好的朋友，从此断绝了来往。

中国有句老话说的是"祸从口出"。玩笑不能随便开，尤其不能拿别人的隐私开玩笑。否则你们之间的友情很可能就会戛然而止，也许在以后的生活中还会成为对头。真正聪明的人，是懂得对他人的隐私持有尊重的态度。要知道有些事只能点到为止，才能给自己也给他人留下一片自由呼吸的空间。

幽默的艺术，和任何一种社交哲学一样，都是张弛有度才完美。因为某些幽默可能会有嘲讽的作用。所以在开玩笑的时候，应掌握恰如其分的戒律，还要因时、因人、因地而定，避免误入禁区。

不同的人，因为身份、性格和心情的不同，对幽默的承受能力也有差异。一般来说，晚辈不宜同前辈开玩笑；下级不宜同上级开玩笑；男性不宜同女性开玩笑。

有种族的笑话以及残疾人的笑话都不适当，因为这可能会冒犯到别人。玩笑不应含有蔑视别人职业的成分存在。如果你拿来开玩笑的职业和对方的职业无关的话，那倒还不要紧。例如，你在一个推销员前面开糖果业商人的玩笑。可是如果你开玩笑的职业正是对方的职业，那就不好了。

讽刺性的幽默不留意就会造成疏远，并且会冒犯到别人。因为别人会认为这是针对他个人。带有嘲讽意味的幽默极易冒攻击他人的危险，还很容易使他人受到伤害，让他人陷于焦虑之中。通常，讥讽、攻击、责怪他人的幽默，也能引人发笑。但是它却常常造成难以弥补的后果，使本应欢乐的场面变得十分难堪。

还有，绝对不可说出挖苦女性容貌的话来。调侃女性的容貌，只可能使得对方感到厌恶而已。即使你是出于言者无意，但也难免听者有心，从此对你恨之入骨。

晋孝武帝司马曜在位期间，创造了在军事史上堪称奇迹的"淝水之战"。他是一个很有作为的皇帝，但同时他也是个享乐主义者。司马曜平生有两大爱好：一是喝酒，一是开玩笑。他嗜酒如命，玩笑开得也常常让人目瞪口呆。《晋书》记载，司马曜常常在不同场合开玩笑，他最终的悲剧命运也源于他口不择言的玩笑。

当时，张贵人是后宫里最受宠幸的，后宫中人人都非常害怕她。孝武帝和后宫的嫔妃们一起宴饮。这时张贵人不胜酒力，极力辞谢。孝武帝面露愠色，对她说："当年你是因为美丽才封为贵人，现在你已经年近30，美色消退，也应该废黜了。"司马曜本来说的只是开玩笑的一通酒话，但对张贵人来说却无异于晴天霹雳。想到自己容貌将衰，司马曜已经厌弃，一时又气又恨，顿时起了杀心。她洗脸换衣后，招来心腹宫女，偷偷溜进卧室，见司马曜熟睡，就用被子蒙住他的脸,再搬来重物压在他身上。司马曜挣扎一番,终于被活活闷死了。

幽默这把双刃剑,使用得稍有不当就会伤害到别人,甚至波及自己。在我们运用时机、地点乃至言词不当时,都可能伤害别人的自尊与情感。如果幽默不能为人酿出欢娱,却强加给人怨愤、痛苦,这是令人遗憾惋惜的事情。

纪伯伦说过:"幽默就是分寸感。"所以,我们要注意的就是,对自己和我们所面向的人,要有一个正确的估计。要学会正确地运用幽默这种精神调节剂,因时因势,因地制宜地幽默一下,才能使幽默真正起到它该有的效果,才能不至于导致别人的误解或不快。

总之,在你使用幽默口才的时候,一定要把握分寸,重点是要懂得察言观色、投其所好。而不要嘲讽别人、无节制地耍宝,拿别人的缺点、弱项肆无忌惮地开玩笑,有失礼貌。运用到恰到好处才可以真正发挥幽默的功效。

## 要问就问对方擅长的事情

谈话中善于提出问题,必然能多有受益。而你所问的,恰好是被问者擅长的,那就比直接恭维还有效。这不仅能让听者从中获得教益,也能让被教者感到愉悦。

——《论言谈》

人们发现，成功人士并非恃才傲物，他们之所以成功，是因为采取一种有效的谈话策略。那就是：他们会诚恳地向别人请教一些对方擅长的事情，询问对方的意见，夸奖对方的才智，使对方真正感觉受到了恭维。

"好为人师"是许多人的特性。在社交场合，如果你能给他人一个"为人师表"的机会，虚心向对方请教，肯定能博得对方的好感。

一次，一个美国人来到华人开的汽车商行买车。商人带着那位美国人看了一辆又一辆车子，但美国人总是百般挑剔，到处挑毛病。

这位华人思索了很长时间，决定停止向那位美国人推销，而让他自行购买。

几天之后，当有位顾客希望把自己的旧车子换一辆新车时，华人有了新的办法。他知道，这辆旧车子对美国人可能很有吸引力。于是，他打电话给美国人，特别申明是请他帮个忙，提供一点建议。

美国人来了之后，华人说："你是个很精明的买主，你懂得车子的价值。现在请你看看这辆车子，试试它的性能，然后告诉我这辆车子应该出价多少才合算？"

美国人的脸上泛起了笑容。终于有人来向他请教了，他的能力已受到赏识。他把车子开上大道，一直从城里开到郊区，然后开回来。

"如果我能以500元这个价钱把它买下，你是否愿意卖它？"这位美国人问道。

这正是华人的估价，这笔生意立刻成交了。

既然人人都"好为人师"，你不妨反其道而行之，去"以人为师"，给对方有一种被尊重的感觉，自然就能顺利地达到自己的目的了。

有一次美国大思想家爱默生与儿子欲将牛牵回牛栏，两人一前一后，使尽所有力气，却无法使牛回栏。家中女儿看到两个大男人满身大汗，徒劳无功，于是便上前帮忙。她仅仅拿了一些草放进牛嘴里供其嚼食，这样一路就将牛引进牛栏，而留下两位大男人目瞪口呆。

看电视，听收音机，必先调好频道，否则再好的节目也因为杂音太大而欣赏不到。钓鱼时用的鱼饵，不是你喜欢吃的东西，却是鱼喜欢的食物。你与别人交谈沟通时，也要投其所好，说他们想听的话，并用他们喜欢的方式进行交流，而不是你喜欢说什么就说什么，你喜欢怎么说就怎么说。

田立明到一位擅长书法的张老师家去拜访，话题就自然落到了书法上。

田立明谦虚地说："张老师，这些年，我虽然努力练字，书法水平却提高很小，恐怕主要是不得要领，请您稍稍泄露点'秘诀'如何？"

张老师很兴奋，滔滔不绝地讲起他的书法经来："我最大的心得就是练字'无剑胜有剑'，就像令狐冲练剑一样，不一定非要整天坐在那里练字不可……"

田立明很高兴地说："现在得您'真经'，以后用心练去，定会大有长进。"

张老师很高兴，临走时还送了他几幅字让他临摹。

请教别人擅长的事情，是使别人感觉到自己受到重视和关注的最简单的方法，是对对方最好的恭维。它胜过世界上最美丽的语言和赞美。这就是"无赞胜有赞""无声胜有声"的道理。

所以那些最好的推销员，很重要的一个技巧就是，善于向客户提出他们感兴趣或擅长的问题，然后倾听，不断地让客户谈。当他讲完话的时候,还会告诉你:"哎呀!我真是太喜欢你了,我真喜欢和你谈话,你口才太好了!"

在职场上,适当地赞美你的上司,会让对方心情大好,还会赢得他的喜欢和器重。但是,给上司提供满足感并不仅限于对他歌功颂德。歌功颂德一般被认为是一种低级手段,运用得不恰当的话,还会弄巧成拙,有溜须拍马的嫌疑。很多时候,诚心诚意地向上司请教,是许多人为满足上司虚荣心的惯用招数。也可以说,一名员工是否能获得上司的青睐,很大程度上取决于他能否给予对方心理上的满足感。

在现实工作中,那些表现出色,从不出事,也不需要老板来指点的人,并不一定能得到重用和认可。倒是那些大错不犯小错不断又喜欢和上司接近的人却容易获得更多的机会。因为他们给老板预留了发挥的空间,让上司很有成就感,即便他们日后升了职也会被其骄傲地冠名为"我培养出来的苗子"。如果你想成为一名职场高手,就得学着去了解上司的心思,让他们获得满足感。

杜威教授曾说过:"人们最迫切的愿望,就是希望自己能受到重视。"自己不懂的问题,不清楚的事情,不妨向对方求教。既可增长见识,又能得到对方好感,这是一举两得的事情。所以,当你想改善和巩固跟某个人的关系时,请教他擅长的问题,使他感觉受到重视,无疑是最为有效的方法。

# 适时保持沉默

善于保持沉默是一门谈话的艺术。因为如果你对自己了解的话题不动声色，那么下一次，你遇到自己不懂的话题保持沉默，别人也不会认为你无知。

——《论言谈》

"雄辩如银，沉默是金。"我们需要侃侃而谈，更需要默默思索。中国兵法里有"静如处子，动如脱兔"之说，其要意是说能够沉得住气的人，才能一鸣惊人。英国谚语"水静流深"更是一语道破天机：沉默是隽永的源泉。

美国大发明家爱迪生发明了自动发报机之后，他想卖掉这项发明和制造技术，然后建造一个实验室。但因不熟悉市场实情，而不知道能卖多少钱。就与夫人米娜商量，米娜也不大清楚，她一咬牙发狠心的说："要两万美元吧，你想想看，一个实验室建造下来，至少要两万美元。"爱迪生笑着说："两万美元？太多了吧！"米娜见爱迪生犹豫不决的样子，说："我看能行！要不然，你卖时先套套商人的口气，让他先开价再说。"

当时，爱迪生已经是一位小有名气的发明家了。美国一位商人听说这件事后，愿意买爱迪生的自动发报机的发明和制造技术。在商谈时，这位商人问到价钱。爱迪生听了夫人的话，想先探探商家的口气。于是，他坐在那沉默不语。

这位商人几次追问，爱迪生始终没有开口，正好他的爱人米娜上班没有回家,爱迪生甚至想等到米娜回来再说。最后,商人终于耐不住了,说:"那我先开个价吧! 十万美金怎么样?"

这个价格简单出乎爱迪生的预料,爱迪生大喜过望,当场与商人拍板成交。爱迪生的沉默多赚了八万美金!

《谈话的艺术》的作者、心理学教授格瑞德·古德罗解释说:"沉默可以调节说话和听讲的节奏。沉默在谈话中的作用就相当于零在数学中的作用。尽管是'零',却很关键。没有沉默,一切交流都无法进行。"

沉默有时确实是金,运用恰当,便可起到"此时无声胜有声"的效果。例如有时我们安慰朋友,只需用手轻拍他的肩或紧握着他的手即可,过多的言语只能徒增他的烦恼;再者,遇到一个不明白抑或是不熟悉的事物,缄口不言总好过不懂装懂,夸夸其谈。话一旦出口,就无法收回。我们提倡拥有好口才,但提醒你时刻控制自己的言语, 不要为了逗口舌的一时之快而为此付出沉重的代价。

1825年,沙皇尼古拉一世登基,立即爆发了一场由自由知识分子领导的叛乱,他们要求俄国现代化。尼古拉一世残酷地平定了这场叛乱,同时,判处其中一名领袖里列耶夫死刑。

行刑那天,里列耶夫站在绞首台上。绞刑开始了,里列耶夫一阵挣扎,绳索断了,他摔落在地上。当时,类似这种情况常常被当做是天意和上帝恩宠的征兆,犯人通常会得到赦免。里列耶夫站起来时,满身的瘀青和尘土。当他确信保住了脑袋后,向着人群大喊:"你们看,俄国人已经不懂得如何做好事了,甚至连制造绳索也不会。"

一名信使立刻前往宫殿报告绞刑失败的消息。尼古拉一世虽然十分懊恼,但还是提笔签署了赦免令。"事情发生之后,里列耶夫有没有说什么?"沙皇询问信使。"陛下,"信使回答说,"他说……在俄国他们甚至不懂得如何制造绳索。"

"既然这样,"沙皇说,"让我们证明事实与他说的恰恰相反吧。"于是他撕毁了赦免令。第二天,里列耶夫再度被推上了绞刑台——这一次绳索没有断。

美国的艺术家安迪曾经告诉他的朋友说:"我学会闭上嘴巴后,获得了更多的威望和影响力。"在一个人事业成功的过程中,他的一言一行都关系着个人的成就荣辱,所以言行不可不慎。那些成功的人,说话就会注意方式、把握分寸,不管在什么场合都是落落大方,说话的时候说得很充分,不该说的时候一句话也不说。

一个沉默的人有机会察言观色,可以审时度势。特别是在人际复杂的环境中,一句话就可以树立劲敌,反胜为败,所谓祸从口出即是如此。相反维持沉默,可以保持相对的中立,为时局各方所期待和拉拢,表态时间的后延和表态所需面对的事态更为明朗,所以往往生存胜算的几率会更大。

俗话说,言多必失,祸从口出。特别是人多的场合,你一不小心,一旦失言,你的话就可能中伤或伤害到某个人,这自然会让你招惹祸端,这时的你就算后悔也已来不及了。所以说,有的时候保持沉默是很必要的。"宁可把嘴巴闭起来,使人怀疑你是浅薄,也不要一开口就让人证实你的浅薄。"这是一句值得大家牢记的名言。

古人说:"以忍为铠,沉默是金。"孔子也告诫我们:"人要三缄其口说,'君子欲讷于言而敏于行'。"如果一个人想要有价值,要想做成大事,最好的方式是,善于倾听,多吸取别人的经验,加上自己默默的辛勤耕耘。

沉默,看似是一种消极的行为,然而有时却是最有效的自我保护方式,是最好的还击,是沉浮人生的一大智慧。总之,少说才能沉稳,少说才能不惹是非,少说才能使自己保持清醒,才能真正知道自己该从事什么。

## 少谈论自己

关于个人的话题要少讲,至少不应该讲得不得当。

——《论言谈》

有人曾经做过调查,看看人们每天最常用的是哪一个字,那就是"我"字。为什么人们对"我"字特别关心呢?就是因为大多数人都喜欢被人称赞,也喜爱称赞自己。因此,你若想得到你所希望得到的,就要避免与对方争高低,而要维护他人的自尊心。为了使对方的面子不受伤害,我们千万不要常把"我"字挂在嘴上。

如果你在说话中,不管听者的情绪或反应如何,只是一个劲地提到我如何如何,那么必然会引起对方的反感。如果改变一下,把"我的"改为"我们的",这对你并不会有任何损失,只会获得对方的好感,使你同别人的友谊进一步地加深。

亨利·福特二世描述令人厌烦的行为时说:"一个满嘴'我'的人,一个独占'我'字、随时随地说'我'的人,是一个不受欢迎的人。"

农夫甲和农夫乙忙完了田里的工作,一起回家。他们走在路上,农夫甲忽然发现地上有一把斧头,就跑过去捡起那把斧头。他看了看斧头,觉得还很新,就想带回家占为己有,便说道:"我们捡到了一把斧头。"农夫乙看到这把斧头是甲发现的,应该归甲所有,就对甲说:"你刚才说错了,你不应该说'我们发

现'。因为这是你先看见，所以你应该改口说'我发现了一把斧头'才对。"

他们两个继续往前走，农夫甲的手上仍然拿着那把斧头。过了一会儿，遗失这把斧头的人走了过来，远远地看见农夫甲的手上拿着他的斧头，就匆匆忙忙地追上来，眼看对方就要追上来了。这时候农夫甲很紧张地看农夫乙一眼，然后说："怎么办？这下子我们就要被他捉到了。"

农夫乙听他这么一说，知道甲想把责任归咎到两个人的身上。于是农夫乙就很严肃地对农夫甲说："你说错了，刚才你说斧头是你发现的，现在人家追来了，你就应该说'我快被他捉到了'，而不是说'我们快被他捉到了'。"

日常生活中，人们都渴望通过交谈受到别人的尊重和欢迎。可是每天追逐着名利与金钱的现代人，又大多习惯以自我为中心的思维模式，凡事首先想到的是自己，难怪一开口讲话就是"我"字当头了。仔细观察人与人之间的言谈互动，会发现在言谈之中滔滔不绝的总是喜欢谈论自己的人，很难受到别人的喜爱、钦佩和尊重。

在人际交往中，"我"字讲得太多并过分强调，会给人突出自我、标榜自我的印象。这会在对方与你之间筑起一道防线，形成障碍，影响别人对你的认同。

每个人都觉得自己很重要，或者说，每个人都希望被别人认为很重要。如果对方感觉到他在你心目中很重要，一定会对你产生好感——没有人会讨厌一个喜欢自己、尊重自己的人。

有些人自视甚高，他们觉得自己很重要，却忘了别人也需要这种感觉。他们在不经意间流露出对人的轻视，于是受到大家的疏远。只有使别人产生自己很重要的感觉，你才会受到他们的欢迎。

"你以怎样的态度对待别人，别人也会以怎样的态度对待你。"这是成功学家拿破仑·希尔的一句名言。你轻视一个人，就不会把他放在心上，对他的一切都漠不关心。你重视一个人，就会关心他的感受，关心他所处的状况。当他感受到你的轻视或重视后，也会报以同样的态度。当你想改善和巩固跟某个人的关系时，把他放在心上，无疑是一条捷径。因此，会说话的人，总会在交谈中尽量少谈自己，而是以对方为中心。

十月革命刚刚胜利的时候，许多农民怀着对沙皇的仇恨，坚决要求烧掉沙皇住过的宫殿。别人做了许多工作，农民都置之不理，非烧不可。最后，列宁亲自出面做说服工作。列宁对农民说："烧房子可以。在烧房子之前，我们大家一起来思考几个问题可以不可以？""当然可以。"列宁问道："沙皇住的房子是谁造的？"农民说："是我们造的。"列宁又问："我们自己造的房子，不让沙皇住，让我们自己的代表住好不好？"农民齐声回答："好！"列宁再问："那么这房子我们还要不要烧呢？"农民觉得列宁讲得好，同意不烧房子了。

有一位名人说："不对别人感兴趣的人，他一生中的困难最多，对别人的伤害也最大。所有人类的失败，都出自于这种人。"

竭力忘记你自己，不要总是谈你个人的事情，人人喜欢的是自己最熟知的事情，那么，在交际上你就可以明白别人的弱点，而尽量去引导别人说他自己的事情，这是使对方高兴最好的方法。你以充满同情和热诚的心去听他叙述，你一定会给对方以最佳的印象，并且对方会热情欢迎你、热情接待你。

## 温和的语言比雄辩更有效

温和语言的力量胜过雄辩。不善于答问的人是笨拙的,但没有原则的诡辩却是轻浮的。

——《论言谈》

被称为"传播学鼻祖"的美国学者施拉姆说:"最强烈的说法会被人拒绝,而较低程度的说法往往会导致最大的改变。"咄咄逼人会伤害你与别人之间的感情,委婉含蓄拉近你与别人的距离,给人留下好感。"交流的艺术,有一个比'理直气壮'更美好的境界,那就是'理直气和'。"

俗话说"有理不在声高",那些不够友好的人,善于用高八度的音调来为自己打气,这其实正是心虚的表示。遇到这种情况,你并不一定要在声音上压过他,有时,温和的语言胜过雄辩。

阿里森是一家电器公司的推销员。一天,他到一家公司去推销电机,那家公司的总工程师斯宾塞先生前不久刚从他手里买过一台电机,而他认为阿里森的电机质量有问题。他说:"你自己摸摸电机有多热,难道你还想让我再买你的电机吗?"

阿里森了解情况后,知道对方的说法是不对的。但他没有理直气壮地与对方争辩,而是态度和蔼地对总工程师说:"好吧,斯宾塞先生,我的意见和你的一样。如果那电机发热过高,别说再买就是已买去的也要退货,是吗?

"是的!"斯宾塞答道。

"当然,电机是会发热的,但是,你当然不希望它的热度超过规定的标准,是吗?"斯宾塞又作了肯定的回答。

阿里森继续问:"按标准,电机的温度可比室温高,是吗?"

"是的。"斯宾塞说,"但是,你们的电机却比规定指标高出许多,连碰都碰不得。难道这不是事实吗?"

阿里森继续问道:"你们车间的温度是多少?"

斯宾塞想了一下,说:"大约75。"

"好极了。"阿里森拍了一下斯宾塞的肩膀说:"车间温度是75,再加上电机的72,一共是140以上。请问,如果您把手放进140的热水里,会不会烫伤呢?"对方不情愿地点了点头。

阿里森接着说:"那么,请您以后不要用手摸电机了,放心,那温度完全是正常的。"

就这样,阿里森通过巧妙的提问,让对方不知不觉地否定了自己原来的观点,接受了他的观点。最后阿里森不仅在谈判中取得了成功,而且又做成了一笔生意。

本杰明·富兰克林说:"如果你与人争论和提出异议,有时也可取胜,但这是毫无意义的胜利,因为你永远也不能争得发怒的对手对你的友善态度。"请好好思考思考,你更想得到什么呢,是想得到表面的胜利还是人的支持?二者兼得的事是很罕见的。在争论中,你的意见可能是正确的,但要改变一个人的看法,你的努力大概会是徒劳的。

战国时,韩国的使者来到楚国。楚王问他:"贵客信奉何种方术?"使者答道:"我研究列御寇的学说。""您推崇什么道理呢?""推崇正名。"楚王问出兴趣来,继续问道:"正名能治国吗?"史疾说:"可以。""用正名的方法如何防范强盗?"

楚王这样问倒有诡辩之嫌了。此时,恰巧有只喜鹊停在房顶,使者便反问道:"请问楚国人把这种鸟叫做什么?"楚王回答:"叫做喜鹊。""称作乌鸦，可以吗？""不可以。"使者便说："如今大王的国家有相国、令尹、司马、典令等官有缺，在您选用、安置官吏的时候，一定选择廉洁奉公者担任其职。可是，如今楚境内贼盗公然横行，官吏却没能力制止，这就属于乌鸦不称作乌鸦、喜鹊不叫作喜鹊的事了。"楚王无言以对。

引起争吵的原因，十有九次都是因为每个人太相信自己是正确的。因此喜欢争吵者很少能说服他人改变立场，一旦被逼到墙角，他们只会吵得更厉害。实际上在争吵中是没有胜利者的。即使您在争吵中占了上风，说到底您还是失败了，因为被迫放弃自己观点的人从来就不改初衷的。

美国前总统罗斯福对他的反对者总是和颜悦色地说："亲爱的朋友，你到我这里来和我争执这个问题，真是太棒了。但是我们两个的见解显然不同，所以让我们来讲些别的话题吧。"于是，他会使出一些手段，使对方接受他的观点。

说服某人并不意味着同他争论，说服人同与人争吵毫无相同之处。争吵不能改变别人的看法。如果你善于谈话，一定要小心翼翼，不要把谈话谈成僵局，要以间接方式证明自己的想法是正确的。那些成功的人无论采用什么方式来驾驭别人，他们的第一步都是"避免争论"，往往都是通过"迎合别人的意见"及"免除反对意见"来打动他人。

所以当你和他人意见分歧时，最好预先表示自己同意对方的部分意见，缓和气氛。即使你和对方的意见相去甚远，冲突严重，也绝对不要表示没有商量的余地。即使你不赞成他的意见，也要向他们表示你能理解他们的态度。这时，可以尝试着做些非原则性的让步，有许多人常常是意气用事，因反对而反对。若有一方能稍作让步，对方或许就可以接受你的建议。

# 猜疑会让人失去正确判断的能力

猜疑之心如同蝙蝠,总是在黑夜中起飞。这种心理迷惑人,又扰乱人的心智。它能使你陷入迷惘,混淆敌友。猜疑易使君王变得暴戾,使大丈夫产生嫉妒之心,使智者陷入重重困惑。

——《论猜疑》

培根曾经说:"猜疑者未必是由于怯懦,却往往是由于缺乏判断力。"古代有一个人,丢失了一把斧子,他怀疑是他的邻居偷了。他有心观察,觉得邻居走路、说话、神态都象是偷了他的斧子,他肯定邻居就是小偷。不久,他在自家地里找到了斧子,再观察邻居,觉得他说话、走路、神态竟全然不像小偷的样子。

这位丢斧者对同一个人作出前后两种截然不同的判断,说明猜疑是一种主观的想象和推测,不是以客观事实为依据的。

人有疑心,无可厚非,只要有根据,自是可以理解的。如若无端地生疑,那大可不必。弄不好,有时既伤人又害己。猜疑会使人产生错误的判断。三国的诸葛亮对受降之将魏延始终用而不信,疑有反叛之心,致使其失去"股肱"之助。

具有猜疑心理的人,动辄疑神疑鬼。别人聚在一起闲聊,他会以为是在议论自己短长;某位友人这一向电话少了,又以为是友人对自己有看法了,拼命去自省什么得罪了对方。某位先生处事小心谨慎,近来却总忧心忡忡。原来,数日前他的公司聚餐,他招呼上司,上司却没理搭他;员工会上,上司数落公司工作中的种种不良现象,老拿眼睛瞟他。他觉得领导对自己有看法了,不但提薪升职无望,甚至饭碗难保,不由提心吊胆,坐卧不安。可几个月后再一次上门,又笑逐颜开了,原来他的想法纯属多余,最近领导还公开表扬他工作努力,成绩斐然,要大家向他看齐。猜疑害他失去了判断力,白白担心了几个月。

猜疑往往是建立在猜测基础之上的,这种猜测往往缺乏事实根据。先入为主,只是根据自己的主观臆断毫无逻辑地去推测、怀疑别人的言行,结果小则被不安和痛苦久久折磨,客观上失去亲情、友情,大则可能造成人间悲剧。古代曹操逃难途中,错杀好友吕伯奢全家。英国莎士比亚笔下的奥赛罗扼死爱妻,都是猜疑心理的驱使。

一个小镇上,有一对双胞胎儿子。父亲过世,兄弟俩接手共同经营父亲留下的商店。

生活一切都很平顺,直到有天一美元丢失后,关系才开始发生变化:哥哥将一美元放进收银机,并与顾客外出办事,当他回到店里时,突然发现收银机里面的钱已经不见了!

他问弟弟:"你有没有看到收银机里面的钱?"弟弟回答:"我没有看到。"但是哥哥对此事一直耿耿于怀,咄咄逼人地追问,不愿罢休。怨恨就此产生,不久手足之情就出现了严重的裂痕。开始双方不愿交谈,后来决定不再一起生活,在商店中间砌起了一道砖墙,从此分居而立。

20年后的一天,有位开着外地车牌汽车的男子,在哥哥的店门口停下。他走进店里问道:"您在这个店里工作多久了?"哥哥回答说他这辈子都在这店里服务。这位客人说:"我必须要告诉您一件往事:20年前我还是个不务正业的流浪汉,一天流浪到您们这个镇上,我偷偷地从您这家店的后门溜进来,并且将收银机里面的一美元取走。虽然时过境迁,但对这件事情一直无法忘怀。一块

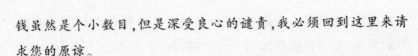

钱虽然是个小数目，但是深受良心的谴责，我必须回到这里来请求您的原谅。

当说完原委后，这位访客很惊讶地发现店主已经热泪盈眶并语带哽咽地请求他："是否也能到隔壁商店将故事再说一次呢？"当这陌生男子到隔壁说完故事以后，他惊愕地看到两位面貌相像的中年男子，在商店门口痛哭失声、相拥而泣。

古人云："长相知，莫相疑"，"疑心生暗鬼"。害人之心不可有，防人之心不可无。但绝不等于对谁也心存戒心，猜疑这个猜疑那个，那就走向极端了。生活中我们经常看到这样的事情：因为猜疑，夫妻离异；因为猜疑，朋友反目；因为猜疑大打出手，导致悲剧。

当发现自己生疑时，不要朝着猜疑的方向思考，而应问自己：为什么我要这样想？理由何在？如果怀疑是错误的，还有哪几种可能发生的情况？在做出决定前，多问几个为什么是有利于冷静思索的。

有些猜疑来源于相互的误解，如果是这种情况的话，就应该通过适当的方式，两人坐下来交流。通过谈心，不仅可以使各自的想法为对方了解，消除误会，而且还能避免因误解而产生的冲突。

总之，我们必须做到实事求是，理性思考，才能从猜疑枷锁中解脱出来。每当我们遇到不确定的事情的时候，就必须要努力克制无端多疑的短板，面向外部世界，面向他人，以真诚的心去交往、去了解，以获得对人对事物的正确认识和准确判断，彻底摈弃多疑的缺点。

# 警惕别有用心人的蓄意挑拨

尤其要警惕由别人流传来的猜疑，因为这很可能是一根有毒的挑拨之刺。

——《论猜疑》

《孙子兵法·始计篇》中说："亲而离之。"意思是说，对于内部和睦的人，要想法离间它。古人用离间计是利用敌人营垒内部的矛盾，使其互相猜忌，形成内耗。

楚汉战争中，楚军把刘邦包围在荥阳城，并切断了汉军粮道。刘邦使陈平以几万斤黄金向楚军大量派出间谍，公开散布"大将钟离昧等人企图同汉军结盟，消灭项王"的言论；又利用使者离间项羽手下最重要的谋士范增。项羽听信谣言，不再相信范增、钟离昧等人，于是不听亚父范增速克荥阳城的建议，亚父愤而请辞。汉王也得以逃回关中。楚汉相争最终以"霸王别姬"、"乌江自刎"结束。

在对敌作战中，随时注意捕捉和利用敌国君臣之间的矛盾，使之互相猜疑，形成内乱，分崩离析，然后乘隙而攻之，这是战争中运用离间计的方法。

三国演义里的谋臣策士颇多，有许多人都擅长用离间计。虽然离间计不很光明正大，但是这的确是个十分好用的策略。其中，最让人印象深刻的离间计，要算是王允的"连环计"。故事是说因为董卓和吕布狼狈为奸、残害生灵，偏偏吕布武力高强，众人皆不敢与董卓对抗。后来王允把思考方针由"如何对付吕布"变成"如何拉拢吕布",后来使了美人计,让貂蝉挑拨董、吕二人的关系,最后吕布终于诛杀了董卓。

另外一个有名的离间计,是贾诩的"涂改计"。当马超、韩遂合力伐曹时,曹操采纳贾诩的计策,故意送了一封涂改过的信给韩遂,马超从韩遂那儿把信要来时便怀疑韩遂更改了信中的重要内容,最后韩、马二人反目,得到了被曹军击溃的下场。

在战争的博弈中,离间计正是利用谣言打击对方的弱点从而成为得胜的一方。但是,从另一个角度考虑,蓄意的挑拨离间是非常可怕的。

生活中,有人处心积虑地创造条件,促使夫妻之间、亲属之间、同志之间、上下级之间等的误会;或将误会加以渲染,扩大他人之间的分歧;或编造谎言,制造矛盾,破坏他人家庭生活,等等。离间术的外在表现虽然多种多样,但它的内在本质却是唯一的。那就是:使人为己,陷人益己,抑人扬己,损人利己。

挑拨离间之人的最大恶行就是能以自己最大的限度,去背地里从事伤害自己看不惯抑或说是能让自己自愧不如的人们的事,他们会用世界上最恶毒的诬蔑,歪曲事实搬弄是非,为的就要挑动不明真相人的心头怒火,以此来达到自己的卑劣目的。

日本某玩具公司总裁一日突然卧病不起,一连几天没来上班。正赶上这个时期公司的经营状况相当糟糕,有些曾经受过总裁批评的人借机心怀叵测的造谣说:"公司由于经营不善已经面临倒闭破产的危险,总裁都不想干了,他要辞职。"这个谣言使得公司人心浮动,员工纷纷外出另谋出路,销售与生产因此急剧下降。公司一位副总裁召开了全公司大会,向职工们介绍了总裁的病情,公司的收支情况,但员工们仍是将信将疑。后来,另一位颇富公关经验的副总裁出面,他把员工心目中的"领袖"人物找来，首先听取了他们的想法，然后组织他们去医院了解总裁病情，再请他们审阅公司各种经营生产报表。"耳听为虚，眼见为实"，如此坦诚的行动，折服了员工心目中的"领袖"。这样才好不容易把谣言平息下去，挫败了那些企图借此搞垮公司的人的阴谋。

俗话说：明枪易躲，暗箭难防。挑拨离间者危害甚大，和这类人共处稍有不慎就可能被卷进是非之争中，且难以全身而退。所以在和人相处时，我们一定要擦亮自己的眼睛，认清挑拨离间者的真面目。

对于爱挑拨离间的人，最佳方法是跟他们保持距离，并切记言行要谨慎，避免有任何"痛脚"给他抓着。"清者自清，浊者自浊。"我们一定要保证自己的言行正直坦荡，在听到挑拨离间的闲言碎语时不信、不传，平时行得正、站得直，既要做到自重、也要实现互重。

对别人蓄意挑拨的话应该要冷淡、谨慎面对。千万不可一听到搬弄是非的话，就立即去找蓄意挑拨的人对质。当听到有人说自己坏话，肆意贬低自己时，表面上你还需努力控制自己的情绪，保持头脑冷静。如此，对方会感到没空子可钻，就不会再来纠缠不休了。

爱挑拨离间者总是喜欢用告密、造谣等卑鄙的手段搬弄是非。如果被挑拨的双方都心地坦荡且冷静，那么这类挑拨离间者就不能"坐山观虎斗"，也就达不到其不可告人的目的。然而，如果被挑拨的双方有一方心胸狭窄，受了别人的唆使，那么你们之间的关系很可能就会恶化，甚至发展到不可收拾的地步。这样一来，挑拨离间者正好可以坐收渔翁之利。

所以在工作中和各种人相处时，一定要头脑清醒，冷静客观地处理各种人际关系，千万不要轻易受人挑唆，对那些爱挑拨离间的人更应该加倍小心。可能的话,大可联同其他人一起孤立他,令他变得势孤力弱。这样的人不光你烦,相信别的人应该也都有避不及的感觉。

# 冷静思考,不轻信谣言

所有明智的统治者都应该密切留神和关注谣言,就像密切留神和关注真正的行动和阴谋一样。

——《论谣言》

培根在《论谣言》不断强调谣言的巨大力量,没有谣言参与的重大行动,可以说没有。他举了好几个例子,比如,土耳其的习惯是,常把土耳其皇帝去世的消息隐瞒,而不让那些亲卫兵和其他的军人得知,以免他们按照旧习对君士坦丁堡和别的城镇进行洗劫。

培根说关于这样的案例随处可见,举不胜举。因此,很多时候,谣言的滋生必有其不可告人的秘密。作为身外之人,一定要慎听,不可听风就是雨。

孔子曰:立德、立言、立行。言论是一种巨大的力量,可以左右人的思想和行为。谣言也是一种"言论",只不过它带来的是危害。谣言的肆意传播会破坏社会的稳定,造成大众的恐慌。

谣言止于智者。谣言一经发现,社会各方就要合力尽快扼杀之。只要多一双清明的眼睛,多一颗理智的心灵,多一些调查和研究,保持独立的分析和判断力,每个人都可以成为"智者"。

公元前三十年秋季,关内大雨连绵四十余日。京师百姓惊恐相告,传言洪水就要来到。百姓纷纷奔逃,混乱中互相践踏,长安城中大乱。

汉成帝亲临前殿,召集公卿商议。大将军王凤认为:"太后跟皇上以及后宫嫔妃可以登上御船。命令官吏百姓登上长安城墙,以避洪水。"群臣都附合王凤的意见,只有左将军王商说:"自古以来,即令是无道的王朝,大水都没有淹没过城郭。如今政治和平,世上没有战争,上下相安,凭什么会有洪水一天内突然涌来?这一定是谣言!不应该下令让官吏百姓登城墙,那样会更增加百姓的惊恐。"成帝于是作罢。

不久,长安城中逐渐平定下来,经查问,果然是谣言。成帝因而对王商固守不动的建议十分赞赏,多次称赞。而王凤则大感惭愧,自恨失言。

罗斯福曾言:"最大的恐惧是恐惧本身。"近几年,"蕉癌"、"蛆虫柑橘"的谣言令果农造成了巨大的伤害,"猪流感"来袭之时一些传言也使许多人对于猪肉敬而远之。本是农作物的自然现象,采取一定的措施就可以解决,但一旦被人为夸大,众多不明真相者便被恐惧所"笼罩","以讹传讹"引起更多的人人心惶惶,这显然更为可怕。

去年,在日本核泄漏事件的背景下,许多人抢购碘盐就是典型的恐慌之下的失去理智的行为。不少市民担心日本核电站爆炸对人体有影响,认为多买些食盐可以在关键时刻用来防辐射。"抢盐"风潮由此而生。一时间祸起谣"盐",人人恐慌。这就好似2003年非典时期一些地区对醋、板蓝根等物品的抢购潮。抢购风潮的共同之处是在恐慌心理下出现的群发性行为,且每次抢购都伴随着各种传言。

马丁·路德曾有一个很好的比喻："谣言就像雪球，滚的时间越长就越大。"谣言的产生，往往源于信息来源不确切，在传递过程中造成失真，是经不起仔细推敲的。不相信，不传播，要抵制，才是对待谣言的正确态度。

一个人风风火火地跑到一位哲人那儿说："我有个消息要告诉您……"

哲人打断他的话说："等一等，你要告诉我的消息，用三个筛子筛过了吗？"

那人不解地问："哪三个筛子？"

哲人说："第一个筛子叫真实。你要告诉我的消息真实吗？"

来人说："不知道，我从街上听来的。"

"第二个筛子是审查。你要告诉我的消息审查过了吗，是善意的吗？"那人踌躇地说："不，刚好相反。"

哲人说："第三个筛子是掂量。这个如此让你激动的消息重要吗？"

那人不好意思地说："都是街头巷尾的传说，无所谓重要不重要。"

哲人说："这消息既然一不确定是否真实，二非善意，三不重要，那就别说了吧，免得人们被这虚假的谣传所困扰。"

谣言之所以能兴风作浪，除了一张张造谣生事不负责任的嘴巴，更少不了一只只轻信盲从偏听偏信的耳朵。当然，对事实还一无所知，偶尔充当了谣言的传播者是难免的。但在事实澄清后，要积极地制止谣言。

"谣言止于智者"是标本兼治的心理药剂。谣言的产生，往往源于信息来源不确切，在传递过程中造成失真，是经不起仔细推敲的。智者，也就是通常说的"明白人"，听到传言会用理性的思维独立思考判断，而非轻信妄言。如果每个人都能将谣言扼杀于自

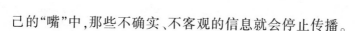
己的"嘴"中，那些不确实、不客观的信息就会停止传播。

如今，通讯和网络的自由度让一些不负责任的话语、别有用心的言论都可能轻易传递，如瘟疫般迅速蔓延，最后成为洪水猛兽，直至淹没了事实的真相。

网络时代，如何辨别真伪，如何分辨流言、免受谣言伤害，这都是网民的"必修课"，一个有着正常的世界观和价值观的成年人应具备判断是非的基本素质。如果我们每个人都在谣言面前冷静理性地分析和思考几分钟，那么谣言和蜚语也必定无立足之处。千万不要轻信网络谣言，否则在伤害自己的同时，也间接成了散布谣言的帮手，间接地伤害了别人。

恶者制造谣言，智者终止谣言。从正确的途径获取信息，掌握科学的思维方法，保持正确的判断，抱着"耳听为虚，眼见为实"的态度，去亲自观察、亲身体会，才不会或者可以尽量避免受谣言所惑，才可以做到耳聪目明心正，谣言也自会"寿终正寝"。